SECCIÓN DE OBRAS DE ECONOMÍA

LA MIGRACIÓN INDOCUMENTADA DE MÉXICO A LOS ESTADOS UNIDOS: UN NUEVO ENFOQUE

JUAN DÍEZ-CANEDO RUIZ

LA MIGRACIÓN INDOCUMENTADA DE MÉXICO A LOS ESTADOS UNIDOS

Un nuevo enfoque

FONDO DE CULTURA ECONÓMICA
MÉXICO

Primera edición, 1984

ISBN 968-16-1742-8

Impreso en México

. . . . .

Cuentan de un sabio que un día
tan pobre y mísero estaba
que sólo se sustentaba
de unas hierbas que cogía.
—¿Habrá otro, entre sí decía,
más pobre y triste que yo?
Y cuando el rostro volvió
halló la respuesta viendo
que iba otro sabio cogiendo
las hojas que él arrojó.

. . . . .

CALDERÓN DE LA BARCA, *La vida es sueño*,
Jornada primera, escena II

A Michelle, Juan (h.) y Jeremías
A Guadalupe y Enrique

EXPRESIONES DE AGRADECIMIENTO

Este libro es una versión traducida y revisada de la tesis presentada por el autor para obtener el título de doctor en Economía en el Instituto Tecnológico de Massachusetts (MIT).

El autor desea dejar constancia de la deuda intelectual que tiene con su asesor, Michael J. Piore, que supo hacerle comprender que el estudio de la ciencia económica llega muchísimo más lejos de lo que se imagina una gran cantidad de economistas. El doctor Piore no sólo proporcionó al autor una ayuda invaluable para el desarrollo de esta investigación, le ofreció además su amistad y su comprensión (hasta el punto de haberle permitido desarrollar este trabajo ateniéndose a su propio criterio).

Peter Temin alentó asimismo al autor durante la realización de la investigación y le hizo valiosas sugerencias que contribuyeron a hacer más claro y a enriquecer sustancialmente el contenido de la misma. Los comentarios de Richard Eckaus le fueron de gran ayuda y los que Evsey Domar le hizo sobre historia económica sirvieron de trasfondo para el desarrollo de sus ideas.

Le hubiera resultado imposible al autor escribir estas páginas sin el apoyo de Leopoldo Solís quien, siempre en forma generosa, dedicó mucho de su tiempo y de su experiencia a instruirle sobre los intrincados procesos económicos y sociales de México. A él y a Carlos Bazdresch, cuyo estímulo fue asimismo inapreciable, desea el autor expresarles aquí su profundo agradecimiento.

Kenneth Flamm, amigo entrañable, es el responsable de que el autor descubriera más a fondo la sociedad y las costumbres americanas, desde los bares de Cambridge (Mass.) hasta la Brookings Institution, y todo lo que se encuentra entre esas admirables instituciones y que tanto le sirvió al autor para aclimatarse a una nueva cultura. Supo hacerle comprender que escribir una disertación doctoral no tenía que convertirse por fuerza en una empresa de por vida, y le ayudó a aclarar y a completar sus ideas y a hacerlas funcionar. Por todo ello el autor deja aquí constancia de su agradecimiento.

Dianne, Ester, José Marcio y Arturo contribuyeron ampliamente a que la estancia del autor en Cambridge (Mass.) le resultara extremadamente agradable.

Gabriel Vera, Armando Baqueiro, Héctor González, Carlos Isoard, Guillermo Ortiz, José Sidaoui y Ernesto Zedillo en ocasiones le ayudaron y en otras le desayudaron en México, pero siempre le resultó al redactor de estas líneas muy reconfortante tenerlos a su lado. También Bárbara García, María Dolores González y José Antonio González le proporcionaron ayuda valiosa durante diversas etapas de la investigación, y María Elena Garduño y Gabriela Estrada mecanografiaron hábilmente un manuscrito original casi indescifrable.

El autor desea agradecer también expresamente el apoyo financiero que le otorgó el Consejo Nacional de Ciencia y Tecnología (CONACYT) y le complementaron la Fundación Ford, la Fundación Sloan y el Banco de México.

Michelle hizo mucho por este trabajo y ha hecho mucho más por el autor del mismo. Colaboró con él en las entrevistas, en la codificación, en la mecanografía de muchos borradores. Discutió con él conceptos, le metió prisa, le entusiasmó, le regañó y le hizo extremadamente feliz, todo al mismo tiempo.

Tampoco olvidará el autor el Premio Nacional de Economía Banamex que generosamente le fue concedido por estas páginas en 1981, y el amable interés del Fondo de Cultura Económica que con su publicación contribuye a darles difusión.

Para todas las personas y los organismos que he mencionado, gracias otra vez.

J. D-C.

I. LOS MIGRANTES A LOS ESTADOS UNIDOS

El propósito de este trabajo es presentar un análisis de la migración indocumentada mexicana a los Estados Unidos. Para ello se parte, en estas páginas, del supuesto de que el problema puede analizarse mejor examinando específicamente las estructuras del mercado de trabajo, y los dispositivos institucionales de la producción que existen en los dos países.

Los Estados Unidos parecen enfrentar un desequilibrio entre ciertos empleos y la mano de obra nativa dentro de los estratos más bajos del mercado laboral. Tradicionalmente, los inmigrantes aceptan trabajos que son rechazados por sus hijos. Los países europeos de mayor grado de desarrollo han experimentado desequilibrios similares en sus mercados laborales, circunstancia que parece ser característica por lo tanto de los países más desarrollados.

El proceso de desarrollo da, pues, lugar a que la mano de obra nativa ascienda en la escala laboral, y ello da lugar, al parecer, a que desaparezca la oferta de mano de obra nacional para determinadas ocupaciones localizadas en los segmentos más bajos del mercado de trabajo; esto no ha significado, sin embargo, que este tipo de empleos haya desaparecido, y por eso se ha tenido que recurrir a la mano de obra inmigrante para que los desempeñen.

Los países de Europa han procurado resolver el problema contratando mano de obra migrante para ocupar, específica y temporalmente, estos vacíos. Los Estados Unidos, en cambio, se han negado a hacerlo salvo por breves periodos —y en escala limitada—, como en el caso del programa de los braceros y de otros aún más restringidos para nacionales jamaiquinos. Estos vacíos, sin embargo, no se originaron ni desaparecieron con los convenios legales; han sido llenados a base de migrantes extranjeros, casi siempre indocumentados. Los trabajadores de esta clase resultan por lo tanto ilegales en un sentido técnico aunque su presencia se haya preferido ignorar, en muchas ocasiones, por la simple razón de que se necesitan absolutamente.

La idea de aceptar trabajadores migrantes internacionales sin derechos ciudadanos, como se hace en Alemania o en Suiza, parece que es inaceptable para los Estados Unidos. Al mismo tiempo, el derecho de adquirir la ciudadanía ha estado constantemente limitado recurriendo a las reducciones de las cuotas de inmigración, aunque no se haya podido reducir, por ello, la necesidad de contar con trabajo migratorio del exterior. La mano de obra es ilegal; los empleos no lo son. Los trabajadores migratorios aceptan ocupaciones que no tienen atractivo alguno para la mano de obra nacional y, en tal sentido, desempeñan una función social y económica útil y apuntalan empleos de niveles más altos dentro de la estructura del mercado laboral.

Cuando los migrantes ilegales son detenidos, carecen virtualmente de más derecho que el de permitírseles escoger entre una deportación voluntaria o un juicio de deportación.

El proveedor sin duda más importante de ese tipo de mano de obra, que es México, tiene que hacer frente, por su parte, a los problemas a que da lugar su economía dual. Dispone de un sector moderno de rápido crecimiento y de sectores claramente retrasados, tanto en las áreas rurales como en las urbanas. Las tasas aceleradas de migración rural-urbana y la imposibilidad del sector urbano de absorber el tremendo crecimiento de la oferta de trabajo[1] han dado por resultado una estructura laboral peculiar en los centros urbanos. El sector rural parece haber llegado a la saturación a causa del incontenible crecimiento demográfico, se caracteriza por salarios relativamente bajos y presenta una tasa de productividad laboral decreciente. La pobla-

[1] La población de la ciudad de México aumentó a una tasa anual promedio de 6% en los años cuarenta, de 5.2% en los cincuenta y de 5.3% en los setenta.

ción rural excedente no tiene más salidas que los centros urbanos o bien los Estados Unidos.

Existe por lo visto un mercado de trabajo entre los Estados Unidos y México que es complementario; una relación simbiótica entre mano de obra en busca de empleo y empleos en busca de mano de obra que funciona con fluidez, pero por una vía clandestina.

El problema de la migración internacional de mano de obra debería ser considerado como una transferencia de recursos. Este tipo de transferencia de recursos a nivel internacional ha sido estudiado básicamente en el contexto de la transferencia financiera de capital de los países ricos a los pobres bajo la forma de préstamos para el desarrollo, financiamiento del desequilibrio comercial, inversiones privadas extranjeras directas, etcétera. Se recurre al capital externo para complementar un ahorro interno escaso y para contribuir a financiar importaciones que requieren divisas adicionales. El objetivo es complementar el ahorro para aumentar en forma óptima el ingreso *per capita*.

La función de producción más simple incluye en su forma más elemental el capital y la mano de obra como variables independientes. Para incrementar el ingreso normalmente se requieren unidades adicionales de capital por unidad de mano de obra. Inversamente, cuando existe escasez interna de mano de obra, ésta puede complementarse con mano de obra extranjera para incrementar el producto por unidad de capital. La estrategia óptima dependerá de los beneficios relativos que se obtengan y de los costos que el capital y la mano de obra impliquen para la economía nacional.

A lo largo de la historia, tanta importancia ha tenido la movilidad de la mano de obra como la de capital. De Europa, por ejemplo, salieron sesenta millones de personas entre 1951 y 1970, y se estima que más de cuatro millones de europeos trabajan habitualmente fuera de sus países de origen.[2]

La migración internacional de mano de obra ha sido

[2] Kindelberger, C., *International Economics*, R,D., Irwin, 1973, p. 209.

vista, casi siempre, como un problema más sociológico o demográfico que económico. Muy pocos han argumentado que tanto la mano de obra como el capital, que es su complemento económico, fluyen a través de las fronteras nacionales obedeciendo esencialmente a un cálculo económico de costos y utilidades.

Las transferencias de capital de los países desarrollados a los subdesarrollados nunca suelen tropezar con serios obstáculos económicos, aunque muchos crean que deberían hacerlo. Sin embargo, las transferencias de trabajo corren con distinta suerte.

Las importaciones de mano de obra deberían verse como la imagen de las importaciones de capital reflejadas en un espejo. Puede ser necesario para los países desarrollados suplementar las deficiencias que se les presentan en la disponibilidad de trabajadores de baja calificación necesarios para los niveles más bajos del mercado de trabajo, con objeto de eliminar de esa manera una subutilización de recursos debida a la existencia de cuellos de botella en el mercado de trabajo y de lograr así niveles mayores de ingreso nacional. El incremento en el ingreso nacional alcanzado gracias a la importación de mano de obra debe compensar sobradamente los salarios pagados.

Las corrientes migratorias de trabajadores operan como una acción compensadora de las disparidades internacionales existentes en el precio de los factores. Siendo este flujo muy importante, la evidencia que se ha utilizado para medir el valor que tienen esas corrientes para las economías mexicana y norteamericana resulta muy imprecisa.

En los Estados Unidos "se da por supuesto" que existen entre cuatro y doce millones de indocumentados viviendo en ese país, y que casi cinco millones de ellos son mexicanos ("la invasión silenciosa"); sin embargo, para poder aceptar este supuesto, se tendría que admitir además que:

a) De ser cierta esa cifra, el hecho significaría que el número de trabajadores mexicanos indocumentados en los

Estados Unidos se aproximaría a la totalidad de los trabajadores negros y de otras minorías del sexo masculino que hay allí (5.7 millones en 1975);[3] y esa circunstancia implicaría que sería tan frecuente tropezarse en la calle con un indocumentado mexicano como con un obrero negro y mucho más frecuente encontrarse con un trabajador ilegal extranjero de cualquier nacionalidad que con un trabajador de color. Ello resulta difícil de creer desde el momento en que nadie parece notar a los indocumentados salvo en épocas de pronunciado desempleo.

b) Si fuese cierto que cinco millones de ilegales estuvieran empleados en los Estados Unidos, del 20 al 25% de la fuerza mexicana de trabajo de entre 15 y 59 años estaría trabajando en ese país, o aproximadamente el 50% de la fuerza de trabajo masculina total entre esas edades. Lo que es más, si sólo se toman en cuenta las edades típicas de los migrantes y el hecho de que casi todos sean del sexo masculino, resultaría que prácticamente la totalidad de los miembros de la fuerza de trabajo mexicana de esas características se encontraría trabajando al norte del Río Bravo.

c) Adicionalmente, de ser ciertas las estimaciones que se suelen hacer sobre el monto de los fondos que envían esos trabajadores a México —alguien ha dicho que más de tres mil millones de dólares en 1975—,[4] tendríamos que estar también de acuerdo en que esas remisiones serían tan importantes para la economía mexicana como sus exportaciones totales de mercancías, que en 1975 sumaron exactamente la misma cantidad (tres mil millones de dólares).[5]

Tan desorbitadas estimaciones deben atribuirse a la tremenda demanda de mano de obra no calificada que existe

[3] U.S. Department of Labor, Bureau of Labor Statistics, *Handbook of Labor Statistics*, 1979, p. 31, cuadro 3.

[4] W. Cornelius, "La migración ilegal mexicana a los Estados Unidos: conclusiones de investigaciones recientes, implicaciones políticas y prioridades de investigación" en *Foro Internacional*, El Colegio de México, enero-marzo de 1978.

[5] Banco Mundial, *Special Study on the Mexican Economy*, 1979, volumen II, cuadro 2.

en el mercado de trabajo del sector secundario de los Estados Unidos y también a la enorme diferencia que existe entre los salarios de ese país y los de México. Dadas esas circunstancias, no se comprendería bien la razón de que no *todos* los relativamente pobres no emigrasen a los Estados Unidos, ni de que lo más pobres se dirijan a los centros urbanos de México en vez de al país del norte.

En las páginas que siguen se tratará de demostrar que el número de trabajadores indocumentados que se encuentra en los Estados Unidos está evidentemente sobreestimado, lo mismo que las cantidades que se les atribuye que remiten. Se procurará demostrar que el hecho de que no todos migren a los Estados Unidos no refleja irracionalidad y que sólo indica que la migración depende de algo más complicado que los simples cálculos de diferencias de salarios y de probabilidades de encontrar trabajo.

En estas páginas se pretenden responder algunas de las preguntas relacionadas con el fenómeno de la migración indocumentada mexicana a los Estados Unidos. Se intenta aclarar el proceso completo de la migración indocumentada: sus causas y consecuencias, su magnitud y su relación con el proceso en virtud del cual los mercados de trabajo de ambos países se complementan mediante el flujo internacional de mano de obra.

Las ideas que aquí se exponen se derivan, primeramente, de una serie de entrevistas llevadas a cabo con migrantes indocumentados en sus lugares de origen. Además del material de las entrevistas, y como fue sugerido por las mismas, se procedió a recolectar evidencia cuantitativa relacionada con las remesas de fondos de los migrantes por un procedimiento de muestreo.

Las entrevistas se estructuraron para que incluyeran determinadas preguntas básicas pero estuvieron esencialmente abiertas porque, para alcanzar el propósito que se perseguía, se consideró esencial el contacto personal y la colaboración auténtica de los trabajadores migratorios. Como el universo de los trabajadores mexicanos indocumentados que salen del país es desconocido, resulta imposible obtener una muestra científicamente inobjetable. Por esa causa se seleccionó una región con cierta arbitrariedad y, por lo tanto, del material de las entrevistas no pueden desprenderse conclusiones de validez universal. Son indicadores sin embargo de patrones de conducta que posteriormente fueron comprobados con información adicional.

El procedimiento fue: *a)* Se elaboró el estudio de campo; *b)* se complementó después con información obtenida de estudios antropológicos y de la comunidad hechos para poblaciones de la República Mexicana; *c)* se hizo un muestreo de las remisiones de fondos de los migrantes; *d)* modelos simples de comportamiento fueron elaborados y probados con información causal sobre el proceso migratorio interno.

El estudio se ha distribuido en seis capítulos.

En el capítulo siguiente se presenta una visión de conjunto de la migración laboral a los Estados Unidos, con particular referencia a la mexicana.

En el capítulo III se efectúa una revaluación de los resultados que se refieren al monto de las remesas de fondos y la distribución geográfica de los migrantes y se analiza la posible magnitud de la migración indocumentada de México hacia los Estados Unidos.

En el capítulo IV se hace referencia a la naturaleza de los procesos migratorios que parten del México rural y se ofrece una explicación teórica de la coexistencia de una corriente migratoria interna que se dirige a las zonas urbanas con otra internacional que fluye hacia los Estados Unidos.

En el capítulo V se incluye evidencia suplementaria en apoyo de las hipótesis expuestas en el capítulo anterior, basada en el análisis de estudios antropológicos y de comunidades rurales y en datos censales. Se prueban además econométricamente las hipótesis planteadas en el capítulo IV.

El capítulo VI ofrece, finalmente, algunas conclusiones generales.

II. PANORAMA GENERAL

"El hombre se pasa la vida construyendo mecanismos de los que se constituye en prisionero más o menos voluntario", escribía Marc Bloch [1] tratando de hacer ver hasta qué punto podemos explicar el presente por el pasado.

A lo largo de la historia, la migración laboral a los Estados Unidos ha sido analizada exactamente desde los mismos puntos de vista. En 1850, Edward E. Hale describía así la influencia que había tenido la migración irlandesa en el mercado de trabajo:

> Aquí estamos bien organizados, dueños de nuestras tierras... Parece suceder que cuando llegan, vienen a empujarnos hacia arriba. Con la misma certeza que el agua y el aceite alcanzan su nivel, ellos habrán de situarse en el que les corresponde... Su inferioridad... les empuja hasta el fondo y, como consecuencia de ello, todos nosotros nos vemos impelidos hacia arriba porque ellos están aquí... la labor de las fábricas... y la agrícola caen en las manos de los irlandeses... Los nativos resultamos simplemente empujados hacia arriba, a los puestos de capataces... superintendentes... funcionarios del ferrocarril, maquinistas, inventores, artistas, etcétera.[2]

Desde este punto de vista —que estaba bastante difundido— existe un sentido de niveles en el mercado laboral y una necesidad, aunque en cierta forma incómoda, de mano de obra extranjera para que ocupe determinados empleos.

El punto de vista de Hale puede compararse, en un sentido victoriano, con el que sustentan actualmente los teóricos de los mercados laborales duales y con el criterio de los que

[1] M. Bloch, *Introducción a la Historia*. Fondo de Cultura Económica, 1952, p. 35.

[2] E. Hale, "Letters on Irish Immigration" citado en Oscar Handlin, *Boston's Immigrants: A Study in Acculturation*, Cambridge, Belknap, 1959, p. 84.

se oponen a que se apliquen restricciones indiscriminadas a la inmigración de trabajadores. La migración laboral es vista como una consecuencia y una necesidad para que se produzca un mayor nivel de desarrollo. La segunda generación que sigue a la migrante es muy posible que no siempre se haya visto "empujada hacia arriba", pero también se ha comprobado que se niega a ocupar los empleos que, tradicionalmente, tuvieron los padres. Los hijos de los migrantes tienden a ascender en la escala laboral[3] dejando desocupada la base de dicho mercado y provocando, por lo tanto, la necesidad de una nueva inmigración.

Nuevos inmigrantes han podido conseguirse inmediatamente de casi cualquier parte del mundo. Esto se debe a que los diferenciales en salarios y oportunidades de empleo persisten entre los Estados Unidos y muchos otros países. De esta manera el círculo se completa.

Otro punto de vista que contrasta con el anterior, pero que persiste asimismo a lo largo de la historia, es la bien conocida posición neomalthusiana de que "cualquier trabajador extranjero que llegue a este país ocupará el lugar de algún trabajador norteamericano".[4] Según este criterio, los inmigrantes desplazan a los naturales del lugar, dominan ciertos mercados y deprimen simultáneamente los salarios.

Los dos puntos de vista tienen cierta justificación siendo necesario, sin embargo, hacer algunas distinciones en relación a diferentes tipos de migración y a las clases de empleos que los migrantes han ocupado antes de que se pueda determinar cuál es la conclusión más acertada. El mercado de trabajo está sin duda altamente segmentado y —salvo en el caso de que se considerase homogénea la inmigración— los

[3] Michael J. Piore, "The Role of Immigration and Industrial Growth: A Case Study of the Origins and Character of Puertorican Migration to Boston", MIT, Department of Economics, *Working Paper Num. 122*, Mayo de 1973.

[4] Isaac A. Howrich, *Immigration and Labor: The Economic Aspects of European Immigration to the U.S.*, C.W.Y., Huebsch and Co., 2ª edición, 1922.

migrantes, de acuerdo con su trasfondo social, cultural y técnico, pasarán y han pasado a incorporarse a segmentos diferentes dentro de ese mercado. Por ejemplo, se sabe que la mano de obra ilegal dominicana se concentra sobre todo en la industria del vestido en Nueva York, y que la mexicana predomina en los trabajos agrícolas del sudoeste, en la industria del vestido en Los Ángeles y en empleos industriales de la zona de Chicago. En forma similar se ha localizado mano de obra canadiense que es mucho menos visible en las industrias de la construcción de los estados del norte, y obreros portugueses, polacos, griegos o italianos en un espectro mucho más amplio de industrias.

En la literatura existente sobre relaciones industriales y de trabajo abundan las descripciones de ocupaciones "comunes". Estas ocupaciones, por la escasa calificación que requieren —como trabajar en el servicio doméstico o ser "jornalero"— han sido desempeñadas tradicionalmente por inmigrantes. En 1890, el 32% de los hombres nacidos en Italia y que trabajaban en los Estados Unidos era "jornalero".[5] Muy pocos tenían nociones del inglés y en su mayoría se proponían trabajar en los Estados Unidos algunos años, ahorrar, enviar dinero a sus familias y volverse después a Italia. En 1910 la relación de hombres a mujeres de la población nacida en Italia que vivía en los Estados Unidos era de 190 a 6, revelando claramente la intención que tenía la mayor parte de los trabajadores de una permanencia temporal. Sus propósitos de quedarse poco tiempo en el país hacían que invertir en aprender inglés o informarse sobre el mercado de trabajo fuera en cierto sentido irracional. La oleada migratoria italiana vino a sustituir en alguna medida a la irlandesa en los empleos "comunes" y con ello los irlandeses empezaron a concentrarse en los que fueron catalogados como "trabajos de irlandeses": por ejemplo policías o bomberos. La migración italiana produjo,

[5] Yoram Ben-Portah, "Labor Force Participation and the Supply of Labor", Harvard Institute of Economic Research Discussion Paper, 1973.

pues, un cambio en la estructura ocupacional irlandesa aunque no por ello, al parecer, hizo que mejorara perceptiblemente su nivel de vida.[6] En ciertos empleos "comunes" los salarios bajaron y forzaron el desplazamiento; en otros el desplazamiento ocurrió antes de la llegada de la nueva oleada. Algunos de los empleos que fueron tomados por los inmigrantes los pusieron en competencia directa con la mano de obra nativa; otros, en cambio, fueron ocupados solamente por los trabajadores recién llegados.

El ejemplo anterior ilustra el papel que se les asignaba tradicionalmente a las nuevas oleadas de migrantes; los que las formaban se encontraban en inferioridad de condiciones en relación a la mano de obra nativa por su escaso conocimiento de las instituciones, las calificaciones demandadas, y, casi siempre, la total ignorancia del idioma. Esto, sin embargo, no les ocurría a los hijos de los inmigrantes que, normalmente, superaban los *handicap* de sus padres y se negaban a ocupar los empleos que ellos habían tenido, dejando como consecuencia un vacío en la parte más baja del mercado laboral. Ese vacío se llenaba con nuevos migrantes y así sucesivamente.

Cuando se fijaron cuotas de inmigración en los Estados Unidos este patrón histórico no desapareció y siguió presentándose la necesidad de contar con mano de obra extranjera. Los flujos laborales simplemente cambiaron su *status* de "trabajadores documentados" por el de "trabajadores indocumentados" pero conservando las mismas características: fundamentalmente del sexo masculino, no calificados y con la determinación de permanecer sólo temporalmente en el país.

[6] Brendan O'Flaherty, "The American Irish and Italian Immigration: On the Uses of Despised Minorities", documento inédito, Economics 2810a. Harvard University, mayo de 1972.

La migración internacional de mexicanos

El éxodo de mexicanos a la "tierra de las oportunidades" tiene viejos antecedentes. Desde las primeras migraciones registradas en el censo de 1900,[7] y desde la primera oleada importante registrada en 1909-1910 —constituida esencialmente por mexicanos de las clases acomodadas que huían de la revolución—, muchos cruzaron la frontera como migrantes documentados y otros muchos como indocumentados. Al mismo tiempo, y por lo menos desde 1900, muchos empleadores norteamericanos han dado trabajo a los que han llegado de México con la documentación en regla o sin ella.

Los flujos migratorios provenientes de México se parecen mucho a las oleadas migratorias de los irlandeses, italianos, portugueses, etcétera, pero presentan una importante diferencia. Como ya se ha dicho, la mayoría de los migrantes internacionales a los Estados Unidos se propone trabajar una temporada, ahorrar y volverse a su tierra. Esto, sin embargo, fue imposible para muchos de ellos debido a la enorme distancia que les separaba de sus países de origen y el costo que suponía para ellos el viaje de retorno.[8] Los mexicanos, en cambio, pueden volverse a su país de manera relativamente fácil y, por esa razón, han mantenido las mismas características ocupacionales a lo largo de su historia migratoria. Siempre han constituido una "nueva" oleada de migrantes. El fenómeno de la "segunda generación" sólo se ha producido en un grupo paralelo pero distinto, es decir, el de los mexicano-norteamericanos que estaban ahí antes que nadie, o aquellos que se quedaron en los Estados Unidos. Cabe recordar además al lector que, al concluir la guerra entre México y los Estados Unidos, el 2 de febrero de 1848, México firmó el Tratado de Guadalupe en virtud del

[7] 103 410 extranjeros nacidos en México.

[8] Véase Michael J. Piore, *Birds of Passage. Migrant Labor and Industrial Societies*, Cambridge University Press, 1979, p. 149.

cual pasaron a poder de los norteamericanos 890 mil millas cuadradas que incluían a Texas, Nuevo México y California, es decir, más de la mitad del territorio nacional.

En los dos primeros estudios de importancia de la migración de la fuerza de trabajo mexicana se describe a los que participaban en ella casi en los mismos términos que se les describe hoy día. El estudio de campo de Víctor S. Clark señalaba en 1908 un incremento de la mano de obra barata de origen mexicano en las minas, los ferrocarriles y la agricultura del sudoeste y en otros lugares.[9] Describía Clark a los trabajadores mexicanos como los aprovechadores de desperdicios de la industria, como los que tomaban los puestos que abandonaban otras clases de trabajadores y los que suplantaban a los europeos menos preparados y menos dignos de confianza.

Parece que los empleos cubiertos por los migrantes mexicanos han tendido siempre a presentar las características que corresponden al llamado por Piore "trabajo secundario" en su hipótesis referente al mercado de trabajo dual: salario bajo, condiciones de trabajo lamentables, oportunidad de mejoramiento casi inexistente y una relación de tipo personal (en vez de institucionalizada) entre empleados y supervisores.[10]

En 1911, Mr. Dillingham, en su Informe a la Comisión de Inmigración y en la parte referente al problema mexicano, presentaba una interpretación similar, neovictoriana, de mercados laborales duales. Escribía:

> El hecho de que ya no se encuentren trabajadores de más edad, chinos o blancos, disponibles en cantidades importantes en las actuales condiciones y a ningún precio, lo demuestran los esfuerzos que ha hecho una empresa para atraerse

[9] V. S. Clark, "Mexican Labor in the U.S.", *U.S. Bureau of Labor Bulletin,* 1978, septiembre de 1908, pp. 466-522.

[10] Michael J. Piore, "The Role of Migration in Industrial Growth: A Case Study of the Origins and Character of Puerto Rican Migration to Boston", MIT, *Working Paper Num. 112,* mayo de 1973.

> trabajadores con salarios más altos para reforzar a los mexicanos... Los inmigrantes mexicanos representan una oferta de trabajo bastante aceptable en un territorio en el que resulta difícil conseguir otros trabajadores, porque por la forma en que viven y por sus características personales, su entrada al mercado laboral no representa un deterioro de las condiciones laborales similar a las que representan para otras razas que trabajan también a base de salarios comparativamente bajos.[11]

El trabajo mexicano, que ha representado durante mucho tiempo una parte importante del *mecanismo* social y económico de los Estados Unidos, ha conservado muchas de sus características originales. También ha constituido una parte importante del *mecanismo* mexicano.

Entre las primeras alusiones que se hicieron a la migración laboral mexicana a los Estados Unidos debe señalarse la de Francisco I. Madero:

> La situación en que se encuentra la mano de obra mexicana es tan precaria que, a pesar de las humillaciones a que se ve sometida al otro lado del Río Grande, miles de nuestros compatriotas emigran todos los años a la vecina República y la verdad es que su suerte es ahí menos triste que en nuestra tierra.[12]

La migración laboral a los Estados Unidos ha constituido, obviamente también, un hecho importante en la historia de México, y ha sido vista asimismo desde dos perspectivas diferentes. Un importante sector de los que se han ocupado de la migración indocumentada a los Estados Unidos ha sido en cierta manera crítico de este flujo. Manuel Gamio,[13] por ejemplo, señalaba en 1930 que mientras la

[11] Dillingham Commission, *Report to the U.S. Immigration Commission 61st Congress* (42 vols.), Washington, 1911. T. del A.

[12] F.I. Madero, "La sucesión presidencial", San Pedro, Coah., Partido Nacional Democrático, diciembre de 1908, en *México, Los Insurgentes,* 1960.

[13] Manuel Gamio, *Quantitative Estimate Sources and Distribution of Mexican Immigration into the U.S.*, Talleres Gráficos, México, 1930, pp. 10-11.

migración permanente a los Estados Unidos debería ser desalentada porque México estaba *escasamente* poblado, la migración transitoria debería fomentarse porque permitía encontrar empleo durante las épocas de recesión, ayudaba a capacitar a los trabajadores y significaba una fuente de ingresos para el país por las remisiones de fondos que recibían en México los familiares de los viajeros.

En algunos escritos más recientes, juicios apresurados han señalado que las pérdidas en la producción agrícola debidas a la migración de este tipo han sido mayores que los beneficios recibidos de ella.[14]

Algunos otros han argumentado sin mucho fundamento que México pierde sus trabajadores mejores y más expertos en beneficio de los Estados Unidos,[15] o bien que es tan escasa la posibilidad de encontrar empleo, y tan altos los gastos de la migración, que la misma tiene un efecto negativo para la economía mexicana.[16]

También son numerosos los estudios antropológicos y los trabajos de campo donde se subraya, en cambio, la importancia que significa la migración internacional para los poblados rurales de México —y los beneficios que en la mayor parte de los casos se derivan de la misma.[17]

Independientemente de las controversias que hay en lo relativo a la importancia de la migración laboral mexicana a los Estados Unidos, el hecho de que esa corriente migrato-

[14] Luis G. Zorrilla, *La emigración de braceros y la economía nacional,* México, Imprenta Aldina, 1963.

[15] Moisés de la Peña, "El pueblo y su tierra: mito y realidad de la Reforma Agraria en México", en *Cuadernos Americanos,* México, 1964, p. 117.

[16] Jorge Bustamante, *Mexican Migration and the Social Relations of Capitalism,* Ph. D. Dissertation, Univ. of Notre Dame, 1975, p. 160.

[17] Luis González, *Pueblo en vilo,* El Colegio de México, México, 1972, p. 227. E. Fromm and M. Maccoby, *Social Character in a Mexican Village,* Prentice Hall, 1970. G. M. Foster, *Tzintzuntzan,* Fondo de Cultura Económica, México, 1972, p. 37. R.V. Kamper, *Campesinos en la ciudad,* Sepsetentas, México, 1976, p. 47. O. Lewis, *Tepoztlán, Village in México,* Holt Rinehart and Winston, 1966, p. 98. I. Iszaevich, *Modernización de una comunidad del Valle de Oaxaca,* Sepsetentas, México, 1973, p. 149.

ria nunca se haya interrumpido revela que indudablemente existe una relación simbiótica entre los trabajadores migrantes de este país y los empleadores norteamericanos que ha persistido a lo largo de la historia.

A la par de las alzas y las depresiones económicas experimentadas por México y por los Estados Unidos, ha existido un flujo de trabajadores mexicanos al país del norte. De este flujo, parte ha sido legal y permanente, aceptado de acuerdo con requerimientos ocupacionales selectivos y de reunificación familiar. Otros migrantes fueron recibidos entre 1947 y 1964, temporalmente, para desempeñar labores estacionales específicas en el sector agrícola, bajo los estatutos de un convenio especial aprobado en 1951 por el Congreso de los Estados Unidos con el carácter de Ley Pública 1978 (o *Convenio de Braceros*), que se originó para complementar la fuerza de trabajo norteamericana temporalmente, y debido a la guerra de Corea, y al que se dio fin, tras cuatro prórrogas sucesivas, el 31 de diciembre de 1964. Posteriormente, la entrada de braceros mexicanos tuvo lugar bajo la protección de la Ley Pública 414, y desde entonces no ha vuelto a contratarse mano de obra mexicana legalmente en los Estados Unidos.[18] Sin embargo, al mismo tiempo que los inmigrantes legales y que los braceros y trabajadores autorizados, otros muchos trabajadores mexicanos sin documentación han estado cruzando la frontera.

[18] Excelente estudio sobre los braceros es el de H. Campbell, *Bracero's Migration & the Mexican Economy 1951-1964*, Ph. D. Thesis. The American University, 1972.

III. DIMENSIONES CUANTITATIVAS DE LA MIGRACIÓN MEXICANA A LOS ESTADOS UNIDOS

A LA MIGRACIÓN indocumentada mexicana (que ha sido considerada como la que aporta la gran mayoría de los inmigrantes ilegales que se encuentran en los Estados Unidos) se le ha culpado de gran parte del desempleo en ese país, especialmente entre los jóvenes. Los trabajadores mexicanos han recibido el mismo trato que recibieron migrantes alemanes, chinos, japoneses, irlandeses, italianos y portugueses, con la agravante de que se trata de una migración en su mayor parte ilegal.

Es posible, en efecto, que la mayor parte de la migración ilegal que llega a los Estados Unidos provenga de México, pero también es cierto que la casi totalidad de las estimaciones que se han hecho de esa migración ilegal carecen de credibilidad por estar basadas en estadísticas de aprehensiones que contienen sesgos importantes que las invalidan.

El proceso de la migración indocumentada, por su misma naturaleza, ha demostrado la imposibilidad de ser medido. A pesar de ello, mucho de lo que se debate en la literatura sobre la migración ilegal gira en torno al número de indocumentados que se encuentran en los Estados Unidos y al lugar del que proceden.

Casi todo lo que "se sabe" sobre esos migrantes ilegales se basa en datos de aprehensiones (véase el cuadro 1). En 1972, el comisionado R. F. Farell, del SIN, calculaba que el número de ilegales debía acercarse a 1 013 000.[1] La estimación fue considerada conservadora por el Subcomité de Inmigración argumentando que si en 1954 se había deportado un millón de extranjeros ilegales como resultado de la Operación Espaldas Mojadas *(Operation Wetback)*, su número

[1] U.S. Congress, 1973, p. 4.

CUADRO 1. *Extranjeros deportables*

Año	*Extranjeros deportables localizados*	*Mexicanos deportables localizados*	*Mexicanos deportables como porcentaje del total*
1961	88 823	29 817	33.57
1962	92 758	30 272	32.64
1963	88 712	39 124	44.10
1964	86 597	43 844	50.63
1965	110 371	55 349	50.15
1966	138 520	89 751	64.79
1967	161 608	108 327	67.03
1968	212 057	151 705	71.54
1969	283 557	201 636	71.11
1970	345 353	277 377	80.32
1971	420 126	348 178	82.87
1972	505 949	430 213	85.03
1973	655 968	576 823	87.93
1974	788 145	709 959	90.08
1975	766 600	680 392	88.75
1976	875 915	781 474	89.22

FUENTE: Para 1961-1975: Annual Reports of the U.S. Immigration and Naturalization Service, Table 27B. Deportable Aliens Located by Status at Entry and Nationality.

Para 1976 misma fuente. Cuadro 30.

tenía que ser mucho más alto en 1972. En consecuencia, el Subcomité elevó la estimación a entre uno y dos millones de personas. Ambas estimaciones se basaron en la presunción de que entre los extranjeros detenidos y los que no lo habían sido existía una relación constante. Posteriormente, el comisionado Chapman consideró, por su parte, que en 1975 debía haber entre 4 y 12 millones de indocumentados extranjeros.[2] Una estimación más interesante, aunque tan

[2] C.B. Kelly, S.M. Tomasi, "The Disposable Worker". *Occasional Papers and Documentation*, Center for Migration Studies. N.Y., 1976.

espuria como las anteriores, es la verificada por Lesko Associates en 1975.[3] Se repetían en ella los planteamientos hechos por Howard Goldberg, de la Universidad de Georgetown, para un seminario sobre inmigración. Goldberg estudió el censo de 1960 y proyectó la población a 1970 utilizando el método de tablas de vida por edad y sexo. Se contrastó después el resultado de la proyección con el censo real de este último año, se descontaron los inmigrantes mexicanos legales que vivían en los Estados Unidos y se encontró una diferencia de 1 597 000 personas. En esa cifra se estimó el número de mexicanos ilegales que estaban trabajando en los Estados Unidos en 1970. Más adelante, partiendo de ese cálculo y fijándose una relación totalmente arbitraria entre mexicanos detenidos y mexicanos que no lo habían sido, se consideró que en 1975 debía haber en los Estados Unidos 5 200 000 mexicanos indocumentados.

La estimación de la *totalidad de ilegales* se fijó después en 8 180 000, cantidad a la que se llegó utilizando en un "panel" el sistema Delphi y que reflejó la opinión de los seis participantes en el mismo después de tres series de consultas. Las estimaciones de los *panelistas* se basaron en simples opiniones personales sin pruebas concretas de ninguna clase. El margen entre el que variaron las estimaciones osciló entre 4 y 12 millones de personas. Resulta evidente la fragilidad de tales "estimaciones" y sus críticas resultan obvias. En el *panel* tomaron parte muy pocas personas y se habían excluido las que tenían mayores conocimientos del fenómeno (los funcionarios del Servicio de Inmigración y Naturalización, SIN); no se dispuso de serie alguna de datos básicos de apoyo y el número de preguntas fue insuficiente. En pocas palabras, se trató de una aplicación defectuosa del sistema Delphi. Existe una gran cantidad de artículos donde se ha criticado dicho estudio.[4]

[3] Lesko Associates, *Basic Data and Guidance Required to Implement a Major Illegal Alien Study During Fiscal Year 1976*, octubre 1975.

[4] El mejor es tal vez el presentado por D. L. Little, del Servicio de Investigación del Congreso, Memorándum al diputado Herman Badillo, 1976.

La base (estimación de los mexicanos ilegales) a partir de la que se obtuvieron los datos es también objetable desde varios puntos de vista que abarcan desde el método de proyección utilizando las tablas de vida hasta el hecho de que en el censo de 1970 se subestimase la población,[5] aspectos que arrojan todavía más dudas sobre el cálculo.

Después de los mencionados se han hecho otros intentos más para medir este flujo pero sólo uno merece especial atención. Clarise Lancaster y Frederick J. Schewren[6] aplicaron la técnica de la captura-recaptura a una muestra de la población, que primeramente incluía a los ilegales extranjeros (que obviamente no se identificaron como tales), y posteriormente hicieron una estimación independiente, o un recuento de la población, que los excluía y que fue contrastada con los registros del pago de impuestos personales del Internal Revenue Service y con los datos de ingresos y utilidades de la Administración de la Seguridad Social para deducir de estos datos la muestra inicial *(Exact Match Study Data).* De las estimaciones de estos autores resultó que el número de ilegales debió haber oscilado entre 2.9 y 5.7 millones en 1973, llegando los mismos a la conclusión de que había unos cuatro millones de ilegales extranjeros (de todas las nacionalidades) aquel año en los Estados Unidos. Este estudio, aunque es evidentemente el mejor y el único aceptable desde el punto de vista estadístico, no ha tenido la misma difusión de los que se basaron en datos de aprehensiones. Las estadísticas de éstas, aunque elocuentes por sí mismas, adolecen de serias deficiencias.

La primera falla evidente, y que implica un sesgo en la

[5] Véanse, por ejemplo, Eduardo Cordero, "Evaluación y corrección de la estructura por edad y sexo del Censo de 1970", en *Evaluación y Análisis. Proyecciones de la Población Mexicana, 1970-2000.* Secretaría de Programación y Presupuesto. Serie III, abril 1978. Óscar Altimir, "La medición de la población económicamente activa de México". en *Demografía y Economía,* vol. I, 1974.

[6] Clarise Lancaster y Frederick J. Schewren, "Counting the Uncountable Illegals: Some Initial Statistical Speculation Employing Capture-Recapture Techniques", Proceedings of the *American Statistical Association.* 1977.

interpretación de la importancia relativa de los mexicanos dentro del problema total, se deriva de que el Servicio de Inmigración y Naturalización (SIN) ha concentrado insistentemente la mayor parte (90%) de sus recursos en la frontera sudoeste por la simple razón de ser una estrategia más efectiva desde el punto de vista de su costo,[7] es decir, allí se aprehenden más ilegales por dólar de presupuesto del SIN. Esto, sin embargo, da lugar a otros problemas. Sería erróneo desde el punto de vista estadístico considerar que la mayoría de los ilegales son varones y mexicanos (aunque hayan sido caracterizados como tales) con base en los datos señalados, así como afirmar que el resto de los extranjeros indocumentados son similares a los mexicanos detenidos, o admitir que los mexicanos indocumentados detenidos serán representativos de los que no lo son, como se demostrará más adelante. En resumen, no se pueden sacar deducciones válidas de ningún tipo con base en los datos del SIN.

Un problema muy interesante y que tiene relación con estos datos se presenta en un estudio reciente, elaborado por el Centro Nacional de Información y Estadísticas del Trabajo.[8] Se señala en el mismo que habiéndose tomado una muestra de los ilegales mexicanos deportados en todos los puntos de deportación, sólo se pudo comprobar un número mucho menor de la totalidad reportada por el SIN. Mientras las estadísticas sobre la deportación del SIN correspondientes a 1978 señalaban una totalidad de 1 058 000 trabajadores indocumentados detenidos, de los cuales el 90% fueron mexicanos (950 200), de la muestra del CENIET sólo resultaron 325 000.[8a]

[7] M. Houstoun y D. North, *The Characteristics and Role of Illegal Aliens in the U.S. Labor Market. An Exploratory Study*, Washington, D.C., Litton and Co., marzo de 1976, p. 49.

[8] Carlos Zazueta H., "Consideraciones acerca de los trabajadores mexicanos indocumentados en los Estados Unidos: Mitos y realidades", CENIET. Mimeografiado. 1979, p. 8.

[8a] Cabe recordar también los minuciosos estudios de Wayne Cornelius porque han recibido amplia difusión y son citados con frecuencia por especialistas en el

Discrepancias tan señaladas aconsejan efectuar una nueva evaluación del problema de la "invasión silenciosa".

1. *Evidencia de las remisiones de fondos: distribución geográfica e importancia*

Como se señaló en líneas anteriores, en casi todos los casos los trabajadores migrantes transitorios envían fondos a sus familiares con regularidad. Cuando se estaba redactando este trabajo se pudo comprobar que, sin ser exactas las cantidades, solían oscilar entre 80 y 400 dólares mensuales. No existía, sin embargo, ninguna cantidad típica ni una frecuencia regular de las remisiones.

Durante el trabajo de campo se pudo comprobar que los trabajadores transitorios enviaban su dinero por medio de órdenes de pago y de giros postales, y del correo certificado. En esta muestra se encontró que el 88% prefirió las órdenes de pago porque se pueden comprar fácilmente en los Estados Unidos, hasta en los supermercados. Los giros postales les resultaban menos atractivos —se enviaron sólo en el 6% de los casos— porque tienen que adquirirse en las oficinas de correos y los ilegales temen ser descubiertos.

Los trabajadores documentados, por su parte, enviaban pequeñas cantidades o no enviaban ninguna porque por lo general viven en los Estados Unidos con sus familias. Cuando envían dinero, lo suelen hacer en cheques personales por correo certificado. La razón es que tienen cuentas de cheques en los bancos comerciales y enviar cheques personales les costaba menos y eran cobrados con la misma facilidad que las órdenes de pago,[9] aparte de que recupe-

tema. De sus conclusiones se hace un detenido examen al finalizar esta sección, ya que, como se verá, pudieran implicar una estimación muy alejada de la realidad del número de indocumentados que hay en los Estados Unidos.

[9] Para hacer efectivas las órdenes de pago o los cheques personales en las comunidades sólo se necesita tener abierta una cuenta de cheques en un banco. Los que no la tienen le solían pedir a algún amigo que les cambiase sus cheques o los

ran sus cheques cancelados con los estados de cuenta mensuales.

Se consideró que el procedimiento más seguro para conocer el impacto de esas remisiones sobre la economía mexicana, el lugar de donde procedían y el sitio en el que se encontraban trabajando los migrantes ilegales era seguirles el rastro a los fondos que se enviaban. La única dificultad era que no existía registro específico alguno de los mismos. Todos los cheques se registran en México como simples dólares con otros muchos documentos (cheques de viajero, de la Tesorería de los Estados Unidos, etc.). Como no existía control de capitales en México, los bancos no estaban legalmente obligados a reportar ese tipo de documentos. No quedaban, pues, registradas las remisiones, ni se reflejaban necesariamente en la balanza de pagos. Por otra parte si en realidad hubiese habido tres mil millones de dólares remitidos, habría podido esperarse que apareciera una cifra positiva e importante en el renglón de errores y omisiones de la balanza de pagos; sin embargo, en 1975, fecha a la que se refiere esta investigación, en este renglón apareció una cifra negativa considerable, de 851.2 millones de dólares.

Los bancos que recibían los cheques los devolvían en seguida a un banco corresponsal en los Estados Unidos desde donde, a su vez, pasaban a la Cámara de Compensación. Por suerte, todas las transacciones se microfilmaban para prevenir posibles reclamaciones posteriores.

Esta investigación se ha basado en datos obtenidos de cuatro bancos comerciales cuyos nombres se reservan por razones de confidencialidad. Se tomó inicialmente en cada uno una muestra de las transacciones registradas un día determinado seleccionado aleatoriamente que, al compararse, resultaron muy similares. El estudio correspondiente a un año se efectuó en un solo banco que llamaremos Banco X, único de los cuatro que centralizaba todas sus operacio-

vendían. A algunos les representaba un buen negocio, ya que iban recorriendo las comunidades y pagaban por ellos un 20% menos que el cambio del día.

nes en la ciudad de México, justificándose así su selección. Como los otros no lo hacían, o eran bancos estatales, resultaba más complicada la obtención a través de ellos de una muestra de nivel nacional.

Se seleccionó inicialmente la muestra de un día a la semana elegido al azar y más adelante, por disponerse de presupuesto y tiempo limitados, la muestra se redujo a un día laborable al mes para el año de 1975.

La muestra de las remisiones totales fue ponderada por el número total de días hábiles que trabajaron las instituciones bancarias y así se estableció una estimación de remisiones mensuales y anuales totales. Para llegar a la estimación nacional de las remisiones se dio por supuesto que la absorción de divisas que todos los bancos recibían en cada una de sus sucursales en los estados del país y en la oficina central era representativa de la absorción de remesas. La proporción de la absorción total que correspondía a cada banco (pasivos) de divisas, por estado, se obtuvo de datos no publicados del Banco de México. En esa forma se estimó el total nacional.

La investigación que aquí se presenta, como se podrá ver más adelante, parece ser muy interesante por varias razones. Ante todo, ha sido el primer intento dirigido a conocer el tamaño real del problema de los extranjeros ilegales en los Estados Unidos por un procedimiento que para nada se basa en datos de ilegales detenidos y, por lo tanto, no presenta sesgos en cuanto a los lugares de origen y destino de estos trabajadores. Obviamente, no se registraron simplemente los que "entran sin inspección" (EWI's).[10] Se logra la posibilidad de precisar la distribución geográfica, tanto en México como en los Estados Unidos, de esa multitud de trabaja-

[10] "Entran sin inspección" (Entrants Without Inspection), en el sentido que les da el Servicio de Inmigración y Naturalización, los que penetran en el territorio de los Estados Unidos sin documentación (espaldas mojadas, alambristas, etc.). Tampoco se encuentran en él legalmente los llamados "visa abusers", que son los no inmigrantes que no se atienen a los términos de su visado, es decir, se quedan más tiempo del permitido o se dedican a algún trabajo remunerado.

dores que laboran en una especie de "limbo" laboral dentro de la escala de trabajo norteamericana. Se obtiene una idea del número de personas que participa en este flujo, de la importancia de los fondos que se remiten, y de los estados y ciudades que participan en este proceso. También se determina la importancia de la migración urbana, al contemplarse los datos por ciudades de origen y de destino.

La investigación se hizo como sigue. Se clasificaron los cheques que se registran en la cuenta 1110 del Catálogo General de Cuentas para Instituciones de Crédito y Uniones[11] que contienen la casi totalidad de las órdenes de pago que se reciben y los datos obtenidos de los cheques se clasificaron de la siguiente forma:

a) Tipo de cheque
b) Estado y ciudad donde se expidió
c) Cantidad girada
d) Firmante del cheque
  i) Empresa
  ii) Apellido español
  iii) Apellido extranjero
e) Recipiente del dinero
  i) Empresa
  ii) Apellido español
  iii) Apellido extranjero

Los giros postales sólo se pudieron clasificar por destino porque tienen una forma estándar para todo el territorio de los Estados Unidos.

En la cuenta 2204 del mismo catálogo figuran órdenes de pago remitidas por bancos de sucursales asociadas en los Estados Unidos pero no se tomaron en cuenta para la muestra por ser mes a mes de monto mínimo o nulo.

Las órdenes de pago y los giros postales enviados y recibi-

[11] Comisión Nacional Bancaria y de Seguros. *Catálogo General de Cuentas para Instituciones de Crédito y Uniones*. México, 1976.

dos por personas de apellido español fueron analizados. Se consideró que esos cheques eran el dinero remitido por trabajadores indocumentados que estaban en los Estados Unidos (tomando como base los resultados del estudio de campo antes mencionado). Se puede suponer con bastante seguridad que solamente los ilegales, en general, pueden tener motivo para enviar órdenes de pago a México. Las órdenes de pago y los giros postales, enviados por empresas o recibidos por ellas y los extranjeros fueron clasificados por separado. Como señalaba Manuel Gamio en 1930, "los residentes permanentes que tienen con ellos sus familias y sus intereses, raramente remiten fondos".[12]

En esta investigación se comprobó también que cuando los trabajadores documentados hacían envíos los mandaban por medio de cheques personales. Por otra parte, aunque los trabajadores indocumentados algunas veces pueden traer dinero con ellos, las cantidades son de poca importancia por el temor que tienen de perderlas.[13]

Una indicación más de que las órdenes de pago son enviadas por los braceros se comprueba cuando se descubre un fraude en la oficina de correos de México. Algunos de estos fraudes se suelen detectar por las reclamaciones que presentan los braceros que envían dinero a sus familias.[14]

Las órdenes de pago permiten obtener una estimación mucho más amplia e insesgada de la distribución geográfica y la magnitud del número de los trabajadores mexicanos que están en los Estados Unidos, y pueden servir para definir zonas de locación de la migración en México y su importancia relativa.

[12] Manuel Gamio, *Quantitative Estimate Sources and Distribution of Mexican Immigration into the U.S.*, Talleres Gráficos y "Diario Oficial", México, 1930.

[13] Véase también Carlos Zazueta y César Zazueta. *En las puertas del paraíso.* CENIET. Inédito. 1979, pp. 62-65.

[14] La oficina de correos recibió en una ocasión 110 000 reclamaciones de trabajadores y de instituciones bancarias. Así se demuestra en *Proceso*, 1 de agosto, México, 1971.

2. *Fuentes regionales. Nuevos y viejos hallazgos*

En términos absolutos, en el cuadro 2 puede verse que la mayor parte de las órdenes de pago se dirigieron al estado de Guanajuato (35.4%), seguido por los de Zacatecas (16.3%), Distrito Federal (11.6%), el estado de México (9.1%), Durango (3.5%) y San Luis Potosí (3.2%). Dichos estados, salvo el Distrito Federal y el estado de México (es decir salvo la mayor parte de la zona metropolitana de la ciudad de México), tienen una larga tradición migratoria a los Estados Unidos.

Gamio[14a] señalaba en su excelente trabajo de 1930, que el 60% de los migrantes mexicanos llegaba a los Estados Unidos procedente de los estados de Michoacán, Guanajuato, Jalisco y Nuevo León; en 1969, consideró Samora[15] que el 37.5% de una muestra de 493 mexicanos detenidos procedían de dichos estados y de San Luis Potosí, y en el estudio de Houstoun y North,[16] el 38.3% de otro grupo de 481 mexicanos que habían sido aprehendidos procedía de los mismos lugares.

Samora, entre otros autores, señala además que las fuentes de la migración ilegal mexicana habían ido expandiéndose cada vez más, y, en efecto, así se comprueba en los datos obtenidos para este trabajo (véanse el anexo 1 y el anexo 2). Los estudios antes mencionados —excepto el de Gamio— reflejan probablemente uno de los sesgos ya mencionados. En los anexos antes aludidos, se puede ver que el 42% de las remesas que llegaron a Jalisco provinieron de los estados fronterizos de California y Texas. A Michoacán llegó el 49%

[14a] Manuel Gamio. *Quantitative Estimate Sources and Distribution of Mexican Immigration into the United States*. Talleres Gráficos y "Diario Oficial", México, 1930.

[15] Julián Samora, *Los Mojados: The Wetback Story*. The University of Notre Dame. 1971.

[16] M. Houstoun y D. North, *The Characteristics and Role of Ilegal Aliens in the United States*. "Labor Market and Explanatory Study". Washington, D. C., Litton and Co., marzo, 1976.

CUADRO 2. *Remesas totales de trabajadores mexicanos indocumentados 1975 (Dólares)*

	Monto total	**Remesas* per capita	*% Total*
Total	317 559 988.00	5.6	100.0
Aguascalientes	2 923 375.00	7.2	0.92
Baja California Norte	22 898.90	0.02	0.01
Campeche	1 808 793.75	6.11	0.57
Coahuila	346 500.00	0.3	0.11
Colima	257 419.35	0.9	0.08
Chiapas	7 031 907.94	3.8	2.21
Chihuahua	3 725 686.14	1.9	1.17
Distrito Federal	36 944 255.00	4.5	11.63
Durango	11 342 037.03	10.3	3.57
Guanajuato	112 617 612.90	41.1	35.46
Guerrero	10 204 365.18	5.3	3.21
Hidalgo	1 663 606.50	1.2	0.52
Jalisco	6 657 913.37	1.7	2.10
México	28 965 057.89	6.1	9.12
Michoacán	9 824 992.37	3.5	3.09
Morelos	3 234 829.97	4.2	1.02
Nayarit	1 387 312.50	2.1	0.44
Nuevo León	1 181 787.27	0.6	0.37
Oaxaca	1 871 881.95	0.8	0.59
Puebla	2 383 640.13	0.8	0.75
Querétaro	3 288 745.45	5.5	1.04
Quintana Roo	66 366.41	0.5	0.02
San Luis Potosí	10 237 211.04	6.8	3.22
Sinaloa	101 040.10	0.1	0.03
Tabasco	79 011.04	0.1	0.02
Tamaulipas	2 572 574.80	1.5	0.81
Tlaxcala	116 285.10	0.2	0.04
Veracruz	1 472 891.66	0.3	0.46
Yucatán	3 542 833.33	4.2	1.12
Zacatecas	51 687 155.93	48.9	16.28

* Población de 1975 tomada de: *Estadísticas de la Economía Mexicana*, Nacional Financiera, S. A., México, D. F., 1977. Tabla 1.5, p. 10.

FUENTE: Díez-Canedo Juan, *A New View of Mexican Migration to the U.S.* Tesis doctoral, MIT, 1980, p. 35.

de las remesas de esos estados y a Guanajuato y Nuevo León, el 45%. Como las patrullas fronterizas se concentran en los estados fronterizos, capturan en especial tanto EWI's, como migrantes esencialmente agrícolas que trabajan sobre todo en California y en Texas y, por consiguiente, los migrantes reportados en los estudios antes mencionados muestran esas características y esos destinos como típicos. De los de la zona metropolitana de la capital, menos del 30% se dirigen a esos estados limítrofes (si se supone una relación constante entre remesas y migrantes), mientras alrededor del 40% marcha a Illinois y a Nueva York. El hecho de que una fracción numerosa de los ilegales mexicanos de ciertas regiones no vaya a los estados limítrofes a desempeñar labores agrícolas explica el hecho de que estén subreportados. La corriente histórica que se ha dirigido a los empleos agrícolas en otras regiones determinadas puede explicar, por otra parte, la desmesurada atención que se les ha dado a los trabajadores agrícolas mexicanos en los Estados Unidos. La sobrerrepresentación de trabajadores agrícolas ha sido todavía más exagerada a juzgar por investigaciones recientes ya mencionadas, de las que se desprende una inflación artificial aparente en lo que respecta al número de detenciones reportado por el SIN.[17]

El predominio de trabajadores agrícolas en la totalidad del fenómeno sigue resaltando, sin embargo. Los datos extraídos en esta investigación confirman que a los estados de Guanajuato y Zacatecas, de larga tradición migratoria de esa clase, sigue correspondiendo la mayor parte de la migración a los Estados Unidos.

Guanajuato figura con el 35% de la totalidad de las remisiones de fondos que se reciben y éstas representaban 41.1 dólares por habitante (1975) para el estado (véase el cuadro 2).

Los migrantes se dirigieron especialmente a California, Illinois y Minnesota, pero estuvieron dispersos en 35 estados de la Unión. El cheque promedio enviado fue de 135 dó-

[17] Carlos Zazueta y César Zazueta, *En las puertas del paraíso*, *op. cit.*, pp. 62-65.

lares y el 98% de ellos no llegaron a 500. (Véanse el anexo 1 y el anexo 2.)

Zacatecas recibió el 16.3% de la totalidad de las remisiones, pero representaron una cantidad más importante a nivel *per capita* estatal: 48.9 dólares. Los migrantes de ese estado se dirigieron, en orden de importancia, también a California, Illinois y Minnesota, y se distribuyeron en un total de 26 estados de la Unión Americana. Sus cheques promedio fueron de 120 dólares, y un 94% de los mismos fue menor de $500. Los resultados parecen indicar que estos dos estados mexicanos tienen una amplia dependencia de las remisiones del exterior.

Otro estado, también del centro del país, acusa al parecer una clara dependencia de esta clase. El estado de Durango es importante desde un punto de vista absoluto y con 10.3 dólares *per capita* de remesas y se observa una migración básicamente hacia California, aunque Nueva York figuraba en segundo lugar. Los migrantes se dispersaron a otros 20 estados y el 99% de sus cheques fue de menos de 500 dólares; el cheque promedio fue de $128.

Las remisiones al estado de San Luis Potosí fueron importantes desde los puntos de vista absoluto y relativo. Recibió 6.8 dólares por habitante y el 3.22% de las remisiones totales. Parece que Illinois fue el destino favorito, seguido por California y Colorado. El cheque medio fue de 112 dólares y el 99% de los mismos no llegó a $500. El estado de Campeche, en el sudeste del país, también se destacó en cuanto a las remesas por habitante. Los envíos más frecuentes llegaron de Texas, California e Illinois, en ese orden.

El promedio de las remisiones hechas por los trabajadores mexicanos encontrado en el estudio de North y Houstoun fue de 129 dólares mensuales,[18] habiendo sido los mexicanos ilegales entre los indocumentados de todas las nacionalidades los que remitieron más dinero. Como puede verse

[18] David North y Marion Houstoun, *op. cit.*, p. 86.

en el cuadro 3, dicha cifra se aproxima al promedio total obtenido en este documento que fue de 151 dólares. La desviación estándar total no resultó muy pronunciada con un 98% de cheques de menos de $ 500.[19]

3. *Destino de los migrantes mexicanos en los Estados Unidos*

Los estados de destino más importantes de acuerdo con los datos encontrados y por el número de migrantes que recibieron fueron los de California, Illinois, Texas, Nueva York y Minnesota. California fue seleccionado por migrantes de 28 (de los 32) estados mexicanos. En su mayor parte llegaron de Guanajuato (fuente principal), de la ciudad de México y de Zacatecas. En el cuadro 4 se observa que, independientemente de la procedencia del migrante, los cheques que se enviaron desde California fueron muy similares, con un promedio de 135 dólares, una ligera desviación y un 99% de cheques de menos de $500. Los salarios que recibieron los migrantes tuvieron que ser muy similares y por eso debieron serlo también las remisiones.

De lo señalado se desprende que es alta la probabilidad de que los ilegales se agrupen en este caso en zonas o en empleos específicos y que hayan recibido, por lo tanto, salarios muy parecidos. El mercado de trabajo "ilegal", por consiguiente, parece ser un mercado definido en este estado de la Unión que además depende, en alto grado aparentemente, de los trabajadores mexicanos.

Personas de 27 estados de la República Mexicana eligieron Illinois como punto de destino. En su mayor parte procedieron de la ciudad de México y del estado de Guanajuato. Dentro de la totalidad, el promedio de los cheques fue de 193 dólares y la desviación, como sería de esperar,

[19] Véanse los anexos 1 y 2. (Fuente del autor basada en la muestra de las remisiones.)

CUADRO 3. *Remesas por estado de la República Mexicana (destino) Banco X, 1975 (Dólares)*

	Monto total	*Media*	*Menos de 500*
Aguascalientes	350 805	106	99
Baja California Norte	4 305	68	100
Campeche	1 011 518	1 338	86
Chiapas	1 504 824	824	93
Chihuahua	618 464	167	98
Coahuila	52 668	61	100
Colima	31 920	95	100
Distrito Federal	11 479 600	212	96
Durango	1 224 941	128	99
Guanajuato	10 464 513	135	98
Guerrero	1 611 450	139	98
Hidalgo	204 624	135	100
Jalisco	1 129 848	85	98
Estado de México	550 336	125	99
Michoacán	2 318 698	124	99
Morelos	1 090 138	140	98
Nayarit	621 516	82	100
Nuevo León	334 446	106	99
Oaxaca	1 015 592	264	97
Puebla	696 590	112	97
Querétaro	180 881	144	95
Quintana Roo	8 694	52	100
San Luis Potosí	1 852 935	112	99
Sinaloa	12 222	73	100
Tabasco	28 602	65	100
Tamaulipas	396 339	131	99
Tlaxcala	38 258	228	88
Veracruz	1 253 329	216	98
Yucatán	594 568	113	100
Zacatecas	3 044 775	120	99
0000 (a)	174 531	109	99
Total	43 897 472	151	98

(a) 0000 = Money orders, origen desconocido. Ver apéndice 1.

FUENTE: Juan Díez-Canedo, *A New View of Mexican Migration to the U.S.*, tesis doctoral, MIT, 1980, p. 37.

CUADRO 4. *Remesas por estado de la Unión Americana (origen), Banco X, 1975 (Dólares)*

Estado	*Monto total*	*Media*	*Por debajo de 500*
Alabama	16 527	98.4	100
Arizona	304 945.2	175.0	95
Arkansas	274 785	1 635.6	88
California	11 666 342	134.7	99
Carolina del Norte	27 300.0	260.0	80
Colorado	1 383 947.6	102.0	99
Connecticut	891 699.1	89.6	100
Delaware	4 200	100.0	100
Florida	923 811.4	637.6	91
Georgia	15 372	146.4	100
Hawaii	6 762	161.0	100
Idaho	204 724.2	221.6	91
Illinois	8 165 167.2	193.0	96
Indiana	179 340.8	258.8	91
Iowa	38 894.3	102.9	95
Kansas	141 162	129.3	98
Kentucky	61 918.5	491.4	83
Louisiana	68 851.9	364.3	78
Maryland	7 600.7	72.4	100
Massachusetts	16 485	87.2	100
Michigan	98 574	142.2	94
Minnesota	2 012 209.7	85.9	100
Mississippi	4 200	200.0	100
Missouri	574 185.1	976.5	93
Montana	8 009.6	63.6	100
Nebraska	17 850	212.5	100
Nevada	17 631.6	52.5	100
Nueva Jersey	138 989.5	147.1	95
Nuevo México	46 536	123.1	94
Nueva York	3 550 061.7	347.8	92
Ohio	164 808	356.7	73
Oklahoma	63 711.3	233.4	92

CUADRO 4. [*Concluye.*]

Estado	*Monto total*	*Media*	*Por debajo de 500*
Oregón	95 490.6	108.3	100
Pennsylvania	257 966.5	178.0	96
Rhode Island	7 511.3	178.8	100
Tennessee	6 804	81.0	100
Texas	3 922 051.1	208.9	97
Utah	65 541.0	240.1	85
Vermont	4 304.6	51.2	100
Virginia	36 708.0	134.5	100
Virginia (UP)	483	11.5	100
Washington	242 362	160.3	94
Wisconsin	569 866.5	935.7	90
0000 M. MO. (a)	1 341 790.4	144.6	98
???? M. UP. (b)	6 249 994.2	105.5	100
Total final	43 897 472	151.4	98

(a) 0000 = Money orders, origen desconocido.

(b) ???? = Postal money orders, origen desconocido.

Ver anexo 1.

FUENTE: Díez-Canedo, Juan, *A New View of Mexican Migration to the U.S.*, tesis doctoral, MIT, 1980, pp. 40-41

resulta mucho mayor que la observada para California. El 96% de los cheques no llegó a los $ 500. Este estado revela una variación mucho mayor del monto de los cheques remitidos que podría reflejar importantes diferencias en el mercado de trabajo de los indocumentados y también en las características de los migrantes. En el cuadro 4 puede verse que los ingresos deben haber sido aquí más altos en general, y que hubo probablemente importantes diferencias en los salarios percibidos dentro de la diversidad de los empleos. Los migrantes de la ciudad de México debieron ganar más que los otros por su mejor preparación. Los cheques remitidos a esta ciudad fueron en promedio de 364 dólares[20] y la desviación mucho mayor. Aunque Guanajuato envió más personas, su ingreso total y el promedio de los cheques enviados fueron más bajos revelando probablemente una ocupación en empleos de menor categoría.

El estado que sigue en importancia, Texas, recibió personas de 27 estados, con cheques promedio de 209 dólares. Guanajuato, el Distrito Federal, San Luis Potosí y Zacatecas fueron los proveedores más importantes de esa mano de obra.

Nueva York resultó el cuarto estado en importancia por sus remisiones de fondos. Llegaron allí mexicanos procedentes de 22 estados. El cheque promedio fue de 348 dólares y la dispersión relativamente alta, con sólo un 92% de cheques menores de 500 dólares. Hallazgo interesante es que el grupo más numeroso que llegó a Nueva York procedía de la ciudad de México; su cheque promedio, de 345 dólares, más elevado que los de otros lugares, es indicador también de que hay distintas clases de ilegales. Es de suponer que éstos tenían una calificación más alta y también que debió haber entre ellos algunos migrantes que no se atuvieron a lo especificado en sus visados, o sea, con características distintas a las de los migrantes "típicos" mexicanos. La diferencia en el promedio de los cheques y en las desviaciones hace pensar que los mexicanos no parecen haberse agrupado en este mercado en ocupaciones determinadas. Las evidencias de otros estudios no señalan a Nueva York como una ciudad con un número importante de ilegales mexicanos, hecho que viene a confirmar lo poco conocida que es la importancia relativa de los extranjeros de distintas nacionalidades que se encuentran en el mercado de trabajo de los Estados Unidos.

El estado de Minnesota es el quinto en importancia por el número de personas que llegaron, también originarias de 27 estados de México. Este estado de la Unión, lo mismo que Nueva York, nunca se había considerado antes como

[20] Véanse los anexos 1 y 2.

lugar de destino señalado para los mexicanos ilegales, tal vez porque son pocos los agentes que el Servicio de Inmigración y Naturalización (SIN) tiene en ese lugar y porque esos pocos andan, probablemente, tras los ilegales canadienses. Ilegales mexicanos están evidentemente trabajando allí. A los diarios de Minnesota no parece preocuparles mucho los ilegales extranjeros porque si los hay ello no influye aparentemente de manera abierta en el desempleo. El cheque promedio de esa procedencia figura entre los más bajos, así como la desviación estándar; el 100% de los cheques fueron de menos de 500 dólares. La mayor parte de los migrantes eran de Guanajuato, la ciudad de México, Zacatecas, San Luis Potosí y Guerrero. En todos los casos el cheque promedio resulta bajo, como se ha dicho, y revela tal vez varias circunstancias. En primer lugar, empleos agrícolas y, en segundo, distancia y gastos de sostenimiento mayores que puedan ser la causa de que los migrantes envíen menos dinero. El cheque promedio fue de 86 dólares y la desviación, no muy pronunciada (67.3).

Se encontrarán en este trabajo tres diferencias importantes con respecto a los realizados con anterioridad. En primer lugar, como ya se ha señalado, que aparezca la ciudad de México entre la fuentes regionales más importantes proveedoras de migrantes para los Estados Unidos. En segundo, que Nueva York se sitúe en el cuarto lugar de destino en importancia, después de las zonas tradicionales de California, Illinois y Texas y, en tercero, que Minnesota se acerque mucho a Texas y a Nueva York en orden de magnitud.

Este resultado puede reflejar también la circunstancia de que las visibles inconsistencias de otros estudios hayan podido deberse al hecho de haberse sacado las conclusiones que en ellos se presentan de muestreos de indocumentados detenidos.

Los datos se clasificaron utilizando el símbolo 00 cuando resultó imposible descifrar en el microfilm el destino de la orden de pago. Esta cifra 00 es muy importante porque representa (si suponemos que los defectos del microfilm se distribuyeron uniformemente) el promedio de una muestra indiscriminada de lugares de destino; aquí el cheque promedio fue de 109 dólares, y California, Nueva York e Illinois los más importantes; el 99% de los cheques fueron de $ 500.

Los destinos 00 (cuando no se pudo descifrar la procedencia de la orden de pago) fueron el Distrito Federal, Jalisco y Michoacán, el cheque promedio fue de 145 dólares y el 98% de los mismos, de menos de $ 500.

Los estudios sobre la migración mexicana ilegal y las estadísticas del SIN pocas veces dan cuenta de la llegada de extranjeros ilegales desde la ciudad de México a la de Nueva York o a cualquier otra zona. El hecho debe atribuirse, en primer lugar, a que parece ser considerable el número de extranjeros de otras nacionalidades que trabajan en Nueva York y en sus alrededores por lo que los mexicanos no pueden ser detectados con facilidad (y su importancia relativa no debe ser muy grande) y, en segundo, a que casi toda la vigilancia del SIN se distribuye a lo largo de la frontera mexicana. Los mexicanos que entran al país como EWI's ("ingresados sin pasar por inspección") [21] —atravesando el río a nado o cruzando la frontera por la zona de California— se dirigen por lo general a este último estado, a Texas o a Chicago. Por eso es comprensible que la mayoría de las detenciones sean de mexicanos EWI's cuando la multitud de *visa abusers*, mexicanos o de otros países, se halla dramáticamente subrepresentada.

4. *Monto de las remisiones de fondos de los migrantes*

A través del muestreo y por el procedimiento que se ha descrito, se estimó la totalidad de las remisiones en 317 559 988 dó-

[21] En 1974, por ejemplo, el 90.1% de la totalidad de detenciones de migrantes ilegales eran mexicanos, en su mayor parte "EWI's".

lares,[22] cantidad que puede objetarse por considerarse una subestimación. Se podría replicar que no incluye los fondos con los que regresaron los extranjeros indocumentados. A este respecto, se podría haber presentado una "supuesta estimación" *(guestimate)* —como se ha hecho con frecuencia a este respecto— pero se prefirió no hacerlo por las dos razones siguientes:

1. Se sabe que evitan traer con ellos cantidades importantes de dinero. Señalan los Zazueta en su estudio que cuando los migrantes llegan con fondos, las autoridades de los dos lados de la frontera se aprovechan de ellos.[23] Al hacerse este trabajo se comprobó que procuran traer poco dinero o prefieren una orden de pago si tienen que traer una cantidad importante. Lo que contestó un trabajador cuando se le preguntó puede aclarar este punto: "Cuando me regresaba, si me había quedado algo me conseguía siempre una *money order.* El dinero se lo pueden robar a uno en el camino, pero cuando se lleva una *money order* se conserva aparte una copia del cheque y así no se pierde nada. Yo nunca cargo billetes."[24]

2. Cuando los trabajadores vuelven con fondos muchas veces se los gastan en regalos, trajes u otras cosas antes de pasar la frontera. Por eso cuando reservan algo para traérselo, normalmente no es mucho y la mayor parte se la gastan en los Estados Unidos.

Una cantidad, que se aproxima bastante a la suma de las remisiones que se estima en este trabajo, se puede establecer analizando detenidamente la Encuesta Nacional sobre Ingresos y Gastos Familiares de 1968,[25] en la que figuran dos

[22] Véase el cuadro 2, cifra que representa el 10% de los 3 mil millones estimados por Cornelius.

[23] Carlos Zazueta y César Zazueta, *En las puertas del paraíso, op. cit.* (Observaciones hechas durante el levantamiento de la Primera Encuesta a Trabajadores Indocumentados devueltos de los E.U., CENIET., 23 oct.-13 nov., 1977.)

[24] De entrevistas efectuadas por el autor.

[25] *La distribución del ingreso en México.* Encuesta los Ingresos y los Gastos de las Familias, 1968, Banco de México, F.C.E., México, 1974.

cuadros con la siguiente información:[26] ayuda recibida por las familias que incluye remisiones de fondos, regalos y otras percepciones de ingresos. Como contraparte del cuadro están las transferencias hechas a la Unidad Familiar. Teóricamente, las dos cifras, transferencias enviadas y recibidas, deberían coincidir y, sin embargo, no lo hacen. Existe un saldo positivo de 222 432 000 dólares que pudiera atribuirse a remisiones de braceros.[27] Si aceptamos dicha cifra como una posible remisión correspondiente a 1968, y la de 317 559 988 estimada en este trabajo como la que corresponde a 1975, la tasa anual de crecimiento habría sido de 0.052, que se parece al promedio de la tasa de crecimiento de los salarios no-agrícolas en los Estados Unidos, que fue de 0.068.[28]

5. *Las remisiones de fondos y el número de los ilegales: un nuevo recuento de lo incontable*

Ya se señaló en el capítulo I que la migración ilegal, por su misma naturaleza, ha demostrado ser inconmensurable. En las líneas que siguen se presenta un ejercicio que tiende a establecer una posible magnitud y los rangos entre los que podría encontrarse el número de mexicanos indocumentados, con base en los datos que se han obtenido en esta investigación.

El procedimiento al que recurriremos consistirá en relacionar las suposiciones acerca del patrón de remesas que tienen los migrantes mexicanos con los datos que se han obtenido de las remisiones de fondos. Datos relativamente buenos acerca del comportamiento de los extranjeros indocumentados de distintas nacionalidades en relación a las remesas han sido recogidos por el excelente trabajo de North

[26] J. Reyes Heroles, *Política fiscal y distribución del ingreso*, tesis de licenciatura, ITAM, 1976, p. 54.

[27] *Ibid.*

[28] *Economic Report to the President*, 1978, p. 298, cuadro B35.

y Houstoun (1976). En el mismo señalan sus autores que ilegales capturados en el sudeste habían hecho, en conjunto, las remisiones de fondos promedio más altas, seguidas, respectivamente, por las de los mexicanos ilegales (en general), los ilegales del hemisferio occidental, los *visa abusers* y (en último lugar) los ilegales del hemisferio oriental (en todos los casos los ilegales reportados en este estudio habían sido detenidos por el SIN). Véase el cuadro 5.

A continuación haremos algunos supuestos acerca de la incidencia de los pagos (IP), y del promedio de las remisiones (AP), y rectificaremos posteriormente el pago mensual promedio reportado por los ilegales aprehendidos aplicando un factor de corrección (PR). Puesto que este factor de corrección es menor que uno, este procedimiento causa el efecto de incrementar el número de los ilegales *por encima* de los niveles que están implícitos en la aplicación de los resultados brutos de North y Houstoun.

Se espera que PR habrá de ser menor que uno, es decir, los ilegales *detenidos* envían un promedio mensual de pagos más alto que la población general de los mexicanos ilegales por tres razones. Primera, como señalan North y Houstoun, los *visa abusers* envían en promedio mensual menores remesas que los que "entran sin pasar inspección", y, como se ha señalado con anterioridad, de los datos de las remisiones se desprende que existe un elevado número de población no detectada de *visa abusers* mexicanos *i.e.* los que van a las ciudades, a Nueva York, a Minnesota, etc.). Segunda, porque North y Houstoun han encontrado que los extranjeros detenidos en el sudoeste envían remesas en promedio mayores que otros extranjeros detenidos, y las detenciones del sudoeste sobrestiman probablemente la verdadera probabilidad de encontrar en el sudoeste un ilegal mexicano seleccionado de una manera aleatoria. Tercera, porque North y Houstoun sugieren que existe cierta tendencia de los extranjeros detenidos a exagerar las remisiones que envían a sus familias.

CUADRO 5. *Remesas enviadas a familiares en los países de origen y salarios de algunos grupos de trabajadores ilegales detenidos (Dólares)*

Grupo de indocumentados	*Salario semanal promedio ($)*	*Remesas mensuales promedio*[1] *($)*	*Porcentaje del grupo que remite dinero*	*Remesas mensuales promedio*[2] *($)*	*Número total de indocumentados*
REGIÓN DE ORIGEN					
Ilegales mexicanos	106	169	89	129	481
Ilegales del Hemisferio Occidental (excluyendo a México)	127	116	72	76	237
Ilegales del Hemisferio Oriental	195	104	44	37	75
TÉCNICA DE ENTRADA					
Entrada sin inspección[3]	108	162	87	124	555
Abusaron de su visa	150	115	63	63	238
Ilegales en los condados fronterizos del suroeste	74	186	89	129	68
TODOS LOS ILEGALES DETENIDOS	120	151	79	105	793

FUENTE: Linton & Company, Illegal Alien Study, 1975. (Tomado de D. North y M. Houstoun, *The Characteristics and Role of Illegal Aliens in the U.S. Labor Market. An Exploratory Study.* Linton & Co., marzo 1976, p. 86.)

[1] Promedio basado sólo en aquellos que hicieron las remesas.

[2] Promedio basado en todos los ilegales, incluyendo a aquellos que no remitieron dinero.

[3] Término que utiliza el INS para los extranjeros que entran a los EUA sin autorización.

Definiciones

$$\text{TRM} = \text{NI} \times \text{IP} \times \text{PR} \times \text{AP}$$

Donde TRM es la totalidad de las remisiones hechas en un mes determinado por trabajadores ilegales (se toma el monto promedio mensual, para eliminar el problema de estacionalidad).

NI el número de ilegales.

IP la incidencia de los pagos (% de ilegales que remiten fondos).

PR remesa promedio mensual de *todos* los indocumentados mexicanos como proporción del promedio mensual de remisiones de los extranjeros mexicanos *detenidos*.

AP el promedio mensual de pagos por remitente ilegal.

Es decir, la remisión total en un mes determinado es igual al número de indocumentados ponderado por la incidencia de los pagos, multiplicado por el promedio de las remisiones corregido por las sobreestimaciones de las remisiones mensuales de los indocumentados detenidos. Despejando NI (número de ilegales) tenemos:

$$\text{NI} = \text{TRM} \,/\, (\text{IP} \times \text{PR} \times \text{AP})$$

Aplicando la incidencia de los pagos y el promedio mensual de los pagos del estudio de North y Houstoun (página 86), se puede llegar a las siguientes estimaciones (véase de nuevo el cuadro 5).

i) *Límite superior*

Se parte del supuesto de que el 0.44 de los mexicanos remiten fondos —proposición similar a la reportada por North y Houstoun para los ilegales del hemisferio oriental— y que envían el mismo promedio mensual, que es de $ 104. Es una estimación conservadora desde el momento en que se supone que esos ilegales tienen una propensión en promedio baja a enviar dinero. Para ofrecer realmente un límite superior, se da por supuesto que los mexicanos ilegales sólo envían la quinta parte de las remisiones mensuales promedio reportadas por los ilegales detenidos del hemisferio oriental.

$$\text{IP} = 0.444 \qquad \text{AP} = 104 \qquad \text{PR} = 0.20$$

$$26\,460\,000 + 9.15 = \text{NI}^{u} \qquad \textit{2.9 millones}$$

ii) *Límite inferior*

Se supone ahora que todos los ilegales mexicanos se comportan como los ilegales mexicanos del estudio de North y Houstoun. Pero, como antes se dijo, aceptar como estándar el comportamiento de los ilegales detenidos implica introducir sesgos serios en varios aspectos.

Es estadísticamente inapropiado asumir que por el hecho de ser mexicanos la mayor parte de los detenidos también lo es la mayor parte de los ilegales. Es asimismo insostenible asumir que los mexicanos ilegales no detenidos son tantos como los mexicanos ilegales detenidos.

Volviendo al cuadro 5, tenemos:

$$\text{IP} = 0.89 \qquad \text{AP} = 169 \qquad \text{PR} = 0.75$$

PR = 0.75, cantidad para asumir que la población general de los mexicanos ilegales envía tres cuartas partes de las remisiones mensuales reportadas por los mexicanos detenidos.

$$26\,460\,000 = 112.8 \div \text{NI}^{L} = \mathit{234\,575.46}$$

iii) *Situación intermedia*

Para esta estimación se asume que el comportamiento de los mexicanos ilegales, promedio, es igual al de sus contrapartes del hemisferio occidental, como se señala en el estudio de North y Houstoun.

PR será 0.4, o, lo que es equivalente, la totalidad de los ilegales enviará el 40% de lo que mandan los ilegales detenidos.

IP = 0.7 AP = 116 PR = 0.4

26 460 000 = 32.48 ÷ MR = *814 655.17*

Por consiguiente, aplicando los datos obtenidos en esta investigación y sobre la base de la evidencia hallada por North y Houstoun, es muy posible que haya habido una población de mexicanos trabajando en los Estados Unidos, en un mes cualquiera de 1975, del orden de entre 243 575 y 2.9 millones. Una cantidad más verosímil se aproximaría a los 815 000. Es necesario aclarar que ésta es una estimación del acervo de indocumentados, pudiendo ser el flujo obviamente mucho mayor.

6. *Estimación de las remisiones tomando en cuenta los cheques personales*

Se puede argumentar que las cifras de las remisiones de la mano de obra ilegal están subestimadas porque los ilegales envían también cheques personales y, por supuesto, existe esa posibilidad. Analizaremos por eso ahora el efecto que tendría en la magnitud agregar esos cheques personales. Se le recuerda al lector que aunque algunos ilegales pueden haber remitido sus fondos por ese procedimiento no se encontró de ello evidencia alguna al efectuar este trabajo. Aparte de ello, de la misma manera, se podría argumentar que las cifras de las remisiones estaban sobreestimadas. Para esta estimación, dentro de las remisiones personales totales se incluyeron cheques personales más órdenes de pago y giros postales aunque se recuerda nuevamente al lector que las remisiones de los ilegales consistieron casi exclusivamente en giros postales y órdenes de pago; este tipo de envíos fueron los que se tuvieron presentes en la sección anterior.

Los cheques personales enviados por personas de apellido español a otras de apellido de esa misma característica implicarían un aumento de 216 894 980 dólares, en 1975, a la base de la metodología aplicada a los giros postales y a las órdenes de pago de la sección anterior. Si la cantidad que acaba de anotarse se agrega a la estimación de lo remitido por los ilegales se obtiene una suma de 534 454 968 que implicaría un promedio mensual de 44 537 914 dólares.

Límite superior, total PC (cheques personales) —envíos de los ilegales

IP = 0.44 AP = 104 PR = 0.20
44 537 914 ÷ 9.15 = NPC + I" = *4 876 531.5*

Límite inferior, total PC más envíos de ilegales

IP = 0.89 AP = 169 PR = 0.75
44 537 914 ÷ 112.8 = NPC + IL = *394 839*

Situación intermedia, total PC más envíos de ilegales

IP = 0.7 AP = 116 PR = 0.4
44 537 914 ÷ 32.48 = NPC + IM = *1 371 241.1*

7. *Análisis de sensibilidad*

Supongamos ahora que el monto de las remisiones es igual a la cifra señalada por W. Cornelius de "probablemente en exceso de 3 000 millones de dólares",[29] en primer lugar, y

[29] Wayne Cornelius. "La migración ilegal mexicana a los Estados Unidos: Conclusiones de investigaciones recientes, implicaciones, política y prioridades de investigación". *Foro Internacional,* El Colegio de México, enero-marzo 1978, p. 415.

luego la otra cifra del mismo autor, de "probablemente mayor a los 2 000 millones de dólares" anuales [30] (cuadro 6). Se hará el cálculo sobre una base mensual para evitar los problemas de estacionalidad y para poder volver a aplicar los datos sobre el salario promedio y la incidencia de North y Houstoun. Resulta así que 3 000 millones de dólares anuales equivalen a un promedio mensual de 250 millones, frente a la cantidad que se establece en este trabajo de 26 millones de dólares mensuales.

PROMEDIO MENSUAL 250 000 000

Límite superior: IP = 0.44 AP = 104 PR = 0.2

$NIC1^{u} = 27\,322\,404$

Límite inferior: IP = 0.89 AP = 169 PR = 0.75

$NIC1^{L} = 2\,216\,312$

Situación interm.: IP = 0.7 AP = 116 PR = 0.4

$NIC1^{M} = 7\,697\,044.3$

Ahora, aplicando la estimación de 2 000 millones:

PROMEDIO MENSUAL 166 666 666

Límite superior: IP = 0.44 AP = 104 PR = 0.2

$NIC2^{u} = 18\,214\,935$

Límite inferior: IP = 0.89 AP = 169 PR = 0.75

$NIC2^{L} = 1\,477\,541.3$

Situación interm.: IP = 0.7 AP = 116 PR = 0.4

$NIC2^{M} = 5\,131\,362.6$

La totalidad de la fuerza de trabajo [31] estimada para el año de 1975 fue de 16 334 000 personas. Analizando los límites superiores, resultan en un caso, $NIC1^{u}$, casi once millones

[30] Wayne Cornelius, "Mexican Migration to the United States: Causes, Consequences, and U.S. Responses". Center of International Studies, MIT, 1978, p. 46.

[31] Población de 12 a 65 años.

Cuadro 6. *Diferentes supuestos acerca del monto de las remesas y su distribución por estado (a)*
(Miles de dólares)

	(b) Remesas (3 mil millones)	*(d) Remesas* per capita	*(c) Remesas (2 mil millones)*	*(d) Remesas* per capita
Aguascalientes	27.6	68.31	18.4	45.5
Baja California	0.3	0.3	0.2	0.2
Campeche	17.1	57.8	11.4	38.5
Coahuila	3.3	2.5	2.2	1.6
Colima	2.4	8.0	1.6	5.4
Chiapas	66.3	35.9	44.2	24.0
Chihuahua	35.1	18.2	23.4	12.1
Distrito Federal	348.9	42.1	232.6	28.0
Durango	107.1	97.0	71.4	64.7
Guanajuato	1 063.8	388.4	709.2	258.9
Guerrero	96.3	50.2	64.2	33.4
Hidalgo	15.6	11.0	10.4	7.3
Jalisco	63.0	15.8	42.0	10.5
México	273.6	57.3	182.4	38.2
Michoacán	92.7	33.3	61.8	22.2
Morelos	30.6	39.3	20.4	26.2
Nayarit	13.2	19.5	8.8	13.0
Nuevo León	11.1	5.2	7.4	3.4
Oaxaca	17.7	7.5	11.8	5.0
Puebla	22.5	7.4	15.0	5.0
Querétaro	31.2	52.2	20.8	34.8
Quintana Roo	0.6	4.8	0.4	3.2
San Luis Potosí	96.6	64.4	64.4	43.0
Sinaloa	0.9	0.6	0.6	0.4
Tabasco	0.6	0.6	0.4	0.4
Tamaulipas	24.3	13.9	16.2	9.3
Tlaxcala	1.2	2.4	0.8	1.6
Veracruz	13.8	3.0	9.2	2.0
Yucatán	33.6	40.3	22.4	26.9
Zacatecas	488.4	462.1	325.6	308.0
Total	3 000.0	53.0	2 000.0	35.3

(a) Se supone que la distribución por estado fue igual a la encontrada en este estudio.

(b) Cornelius Wayne, "La migración ilegal mexicana a los Estados Unidos. Conclusiones de investigaciones recientes", p. 415.

(c) Cornelius Wayne, "Mexican Migration to the U.S., Causes, Consequences and U.S. Responses", p. 46.

(d) La población de 1975 fue tomada de Statistics on the Mexican Economy. Nacional Financiera, S.A., México, D.F., 1977, cuadro 5, p. 10.

de personas más de las que existen en la fuerza de trabajo, mientras en el segundo, NIC2^{u}, casi dos millones más que no existen. Los límites inferiores, con parámetros claramente exagerados, reflejan niveles aceptables.

8. *La situación intermedia*

El caso NIC1^{M} implicaría que cuando menos el 50% de la población de 12 años y más (1975) estaría trabajando ilegalmente en los Estados Unidos; o el 100% de la población masculina en la fuerza de trabajo, o más del 100% si sólo se toman las edades típicas, estaría trabajando en ese país en cualquier mes del año (el flujo además sería inimaginable). En el caso de NIC2^{M}, significaría que más del 30% de la fuerza de trabajo como antes se describe, estaría ocupada en los Estados Unidos en cualquier mes del año, más del 60% si sólo del sexo masculino y cerca del 100% si sólo se habla de las edades típicas.

Ahora bien, como se señaló antes en esta disertación (cuadro 2), se consideraron los estados de Guanajuato y Zacatecas como dependientes en alto grado de las remisiones de fondos de los Estados Unidos. En 1975 las remesas fueron de 48.9 y 41.1 dólares por habitante, respectivamente. Si se consideran las estimaciones de 3 000 y 2 000 millones de dólares que se señalan en los estudios aludidos, y se aplica la misma distribución por estado encontrada en esta investigación, se obtendrían resultados muy interesantes.

Con base en la cantidad de 3 000 millones y en la distribución por estados que se efectúa en estas páginas, a Zacatecas le corresponderían 462.06 dólares anuales por habitante (a cada hombre, mujer y niño), y las cifras referentes a Guanajuato y Durango serían respectivamente de 388.4 y 97.0 dólares, también por año y por habitante. De aplicarse los 2 000 millones, Zacatecas habría recibido 308 dólares anuales por habitante, Guanajuato 258.9 y Durango 64.7.

El producto interno bruto por habitante para México, en 1975, fue de 1 360.08 dólares mientras a Zacatecas [32] habrían correspondido 483.9, a Guanajuato 643.8 y a Durango 819.8 dólares por habitante.

Lo anterior querría decir que, con los 3 000 millones estimados, por Cornelius, el 95.4% del PIB por habitante de Zacatecas y el 60.3% del PIB por habitante de Guanajuato deberían atribuirse a las remesas de braceros. Con los 2 000 millones por lo menos el 63.6% del PIB por habitante de Zacatecas, y, por lo menos, el 40% del de Guanajuato serían de la misma procedencia.

En conclusión, las dos estimaciones señaladas implicarían que todo o casi todo el ingreso generado en el estado de Zacatecas y en el estado de Guanajuato habría dependido de los trabajadores ilegales, o que, sin darnos cuenta, Zacatecas formó parte del tratado de Guadalupe de 1848 y, en última instancia, habría podido considerarse otro estado de la Unión Americana. Cabe recordar al lector que alrededor del 70% del PIB está compuesto por bienes no comercializables internacionalmente.

El análisis anterior plantea serias dudas sobre la validez y la credibilidad que debe concederse a las estimaciones que aparecen en los trabajos aludidos.

[32] Las únicas cifras del PIB *per capita* disponibles por estado existen sólo para el año de 1965, I. Navarrete, "Distribución del ingreso en México, tendencia y proyecciones a 1980", en Leopoldo Solís, *La economía mexicana*, vol. I, 1973, p. 310. La distribución porcentual del ingreso entre los estados se considera similar para 1975, y las estimaciones se hicieron aplicando el PIB por habitante de 1975.

IV. LA NATURALEZA DE LA MIGRACIÓN DEL MÉXICO RURAL

LOS ECONOMISTAS han estudiado el aspecto de la movilidad geográfica de la mano de obra, de acuerdo con lo establecido por J. R. Hicks, como que "las diferencias netas en ventajas económicas, básicamente las diferencias en salarios, constituyen las causas principales de la migración".[1]

Efectivamente, la migración parece haber obedecido a la perspectiva de mejorar económicamente. La evidencia disponible señala que son las diferencias de salarios y la demanda de mano de obra las que originan las corrientes migratorias, y si se contempla el problema desde un punto de vista clásico, las oportunidades salariales y ocupacionales tenderían a equilibrarse en el largo plazo.

Los estudios econométricos han coincidido unánimemente en cuanto al efecto positivo que tiene el ingreso sobre la migración hacia una región determinada, y la unanimidad es casi total en lo que respecta al efecto del ingreso en la región de origen, que normalmente está negativamente relacionado con las corrientes migratorias.[2]

Entre otras variables que se han tenido presentes en los estudios econométricos se encuentran: la *educación,* cuyo efecto es ambiguo; la *urbanización* que, lo mismo que el lugar de destino, se relaciona positivamente con la inmigración (aunque no esté claro el efecto que pueda tener sobre la región de origen), y la *distancia,* cuyos efectos parecen ser negativos.[3]

En este trabajo se examina esencialmente la migración mexicana internacional que se origina en las zonas rurales,

[1] J.R. Hicks, *The Theory of Wages,* Londres, MacMillan, 1932, p. 76.

[2] P. Krugman y J. Bhagwati, "A Decision to Migrate: A Survey". MIT, mimeogr., junio de 1975. Véase también M.J. Greenwood, "Research on Internal Migration in the U.S.: A Survey", diciembre de 1975.

[3] *Ibid.*

aunque para entender este fenómeno se necesiten analizar algunas diferencias específicas para poder explicar el hecho de que se observen dos patrones distintos de migración procedentes de las mismas comunidades.

Analizaremos los patrones de tres tipos de corrientes migratorias: *a)* una interna (rural-urbana); *b)* una internacional temporal hacia los Estados Unidos que sale de las zonas rurales; *c)* una similar a la anterior pero que se origina en las zonas urbanas.

Los dos primeros patrones de migración —en aparente paradoja— coexisten dentro de los mismos pueblos. La migración a los Estados Unidos desde las zonas rurales parecería, a primera vista, más lógica que la interna puesto que permite al migrante recibir salarios más altos siendo la demanda de mano de obra en los Estados Unidos en el segmento relevante del mercado laboral al parecer mucho mayor. Sin embargo, la migración interna rural hacia el mercado de trabajo urbano es mucho más común.

Las barreras legales a la migración que va hacia los Estados Unidos no parecen constituir un factor importante por lo que respecta al patrón migratorio a seguir. Como se verá más adelante, ese patrón se encuentra estrechamente correlacionado con la reglamentación predominante sobre la tenencia de la tierra y con la forma en que se encuentre organizada la producción en el sector agrícola del país.

Junto al migrante mexicano "típico" o tradicional (en su mayoría campesino sin ninguna calificación y sin el menor conocimiento del idioma inglés), de los datos obtenidos y de las entrevistas efectuadas durante esta investigación se desprende que existe otro migrante menos rudimentario, mejor preparado, que tiene nociones de inglés y que muchas veces es un trabajador urbano que no se atendrá a las limitaciones de trabajo especificadas en su visado (será un *visa abuser)*, características similares a las de la gran mayoría de trabajadores indocumentados "no mexicanos". Esta clase de mano de obra es urbana y parece que prefiere empleos urbanos en los Estados Unidos. Este tipo de migrante podría considerarse como un tercer tipo de ellos y se debe agregar a los dos de carácter rural que acaban de señalarse.

1. *Metodología de la investigación*

Como ya se ha señalado, en esta investigación interesa primordialmente la migración internacional mexicana a los Estados Unidos, aspecto sobre el que se dispone de poca información y sobre el que existe un desacuerdo considerable por lo que respecta a su magnitud e importancia al igual que, en términos generales, sobre el proceso completo de este fenómeno. Como se ha tratado de un flujo migratorio eminentemente clandestino, se necesita poner cuidado en la recolección y la interpretación de las estadísticas existentes. Una interpretación equivocada de los datos y/o una falta de precaución en su manejo pueden impedir la comprensión del fenómeno.

La evidencia empírica de que se pudo disponer durante la elaboración de este análisis se obtuvo de fuentes diversas:

a) Una investigación de campo que consistió en entrevistas con migrantes mexicanos internacionales, en las comunidades a las que pertenecían.

b) Estudios antropológicos y de comunidades efectuados en poblados mexicanos que, a pesar de no haberse relacionado directamente con el fenómeno que se analiza en esta investigación, siempre mencionan como parte importante de la estructura de estas comunidades la migración internacional de retorno.

c) Datos de remesas de fondos desde los Estados Unidos, por haberse considerado indispensables para el análisis de este fenómeno después de haber realizado la investigación en las fuentes *a)* y *b)*, que fueron analizados con el propósito de conocer la importancia económica y los lugares donde se encontraban los trabajadores indocumentados mexicanos, tanto en México como en los Estados Unidos.

d) Datos censales para poder confirmar, a un nivel agregado, la hipótesis de carácter general que se plantea en esta investigación. A pesar de no existir información sobre algunas variables clave o encontrarse dispersa en una serie de fuentes que en nada se relacionan entre ellas, los datos disponibles de los censos proporcionan un elemento de juicio adicional que contribuye a redondear el análisis.

A continuación se examinan las distintas fuentes señaladas y se establece un modelo teórico que explica las corrientes migratorias que fluyen de las zonas rurales, demostrándose su validez por medio de un análisis econométrico utilizando los datos censales disponibles.

2. *Investigación de campo*

El autor de este documento dedicó en México cinco meses —durante el invierno de 1975-1976 y el verano de 1976— a investigar y efectuar entrevistas en varias comunidades del estado de Jalisco. El lugar de la investigación estuvo determinado —en cierto modo— accidentalmente, al haberse aprovechado la oportunidad de que el Prof. Wayne Cornelius estuviera efectuando una investigación dirigida "a determinar el impacto que causaban diversas políticas y programas gubernamentales sobre la tasa de la migración que se originaba en las comunidades rurales", y que necesitara ayudantes.

El lugar de la investigación, que eran nueve comunidades de la región de Los Altos, en Jalisco, México, había sido seleccionado por Cornelius porque del censo nacional se desprendía que Los Altos había sido una de las dos zonas de emigración interna más importantes de todo el país en la década de 1960 a 1970.

La región registró un crecimiento de la población total

de 0.8%, a pesar de que su incremento poblacional natural había sido del 3.5% anual. Esta región se encuentra además próxima a tres ciudades importantes (León, con 800 000 habitantes; Guadalajara, con millón y medio, y la ciudad de México, entonces con más de diez millones), siendo estas ciudades lugares de migración potenciales.

Aquella investigación proporcionó al autor de este trabajo la oportunidad de interiorizarse en la investigación que le interesaba, consistente en conocer a fondo la organización agrícola y en efectuar entrevistas con migrantes ilegales en sus lugares de origen, en vista de que, en la literatura, el estado de Jalisco aparece siempre como una fuente importante de braceros y migrantes indocumentados a los Estados Unidos (véase el cuadro 7), lo cual se pudo comprobar, en efecto, durante este periodo de investigación de campo.

Mientras parte del equipo de ayudantes levantaba el censo de aquellas comunidades, Cornelius y el redactor de estas páginas entrevistaban trabajadores migrantes, documentados y sin documentar, que habían vuelto de los Estados Unidos. La investigación que efectuaron fue presentada por sus autores en un documento conjunto en la American University en marzo de 1976.[4]

La migración a los Estados Unidos desde el estado de Jalisco es un proceso que tiene raíces históricas profundas. Parece que existe como tal desde el conflicto cristero de 1925-1928 y se ha convertido, desde entonces, en una pieza importante del *mecanismo* de esa región, en el sentido que le da Marc Bloch. Se regresará ahora a los resultados de la investigación de campo efectuada personalmente por este autor.

La investigación tendió a captar exclusivamente el fenómeno del proceso de la migración a los Estados Unidos,

[4] Wayne Cornelius y Juan Díez-Canedo, "Mexican Migration to the United States. The View from Rural Sending Communities". Paper presented at the Conference "Mexico and the United States. The Next Ten Years". School of International Service, The American University, Washington, D.C., marzo de 1976.

Cuadro 7. *Estados de origen de los migrantes por orden de importancia, según diversos autores*

a) GAMIO (1930)	%	*b) CAMPBELL (1960)*	%
1. Michoacán	20.0	1. Guanajuato	12.9
2. Guanajuato	19.6	2. Jalisco	10.6
3. Jalisco	14.7	3. Michoacán	10.5
4. Nuevo León	8.0	4. Chihuahua	9.9
5. Durango	5.9	5. Zacatecas	8.9
6. Distrito Federal	5.0	6. Durango	8.8

c) SAMORA (1970)	%	*d) COMISIÓN INTERSECRETARIAL (1973)*	%
1. Chihuahua	18.5	1. Guanajuato	14.5
2. Durango	9.9	2. Chihuahua	12.7
3. Michoacán	8.3	3. Michoacán	9.9
4. Guanajuato	8.3	4. Jalisco	9.2
5. Zacatecas	6.9	5. Zacatecas	8.5
6. Jalisco	7.5	6. San Luis Potosí	6.6

e) ESTUDIO DE NORTH Y HOUSTOUN (1975)	%
1. Jalisco	11.6
2. Chihuahua	11.2
3. Michoacán	10.2
4. Zacatecas	9.4
5. Guanajuato	8.1
6. Coahuila	6.4

a) Manuel Gamio, *Mexican Immigration to the U.S.* University of Chicago Press, 1930, p. 11.

b) H. Campbell, *Bracero Migration and the Mexican Economy.*

c) Julián Samora, *Los Mojados,* p. 92.

d) Comisión Intersecretarial, *Encuesta 1973.* Inédita, p. 12.

e) North y Houstoun, *Illegal Alien Study.* 1975.

razón por la cual sólo se tomaron en cuenta para este trabajo las entrevistas efectuadas con quienes habían tenido ese tipo de experiencia.

Se efectuaron 218 entrevistas de esa clase. Fueron abiertas pero se enfocaron especialmente a explorar las razones de la migración, las ocupaciones a las que se dedicaban los migrantes en su lugar de origen, los empleos que habían ocupado en el mercado laboral de los Estados Unidos, y el mecanismo mismo del proceso migratorio. De las respuestas se dedujeron los principios generales y la información subsecuente que debería reunirse para llegar a comprender y modelar este comportamiento.

Se pudo comprobar repetidamente que los migrantes formaban parte de un grupo de trabajadores subempleados pero que, sin embargo, tenían acceso a tierras de cultivo u otras formas de empleo en las áreas rurales, y que se habían decidido a migrar para mejorar la situación en que se hallaban en su pueblo. No parecían darle demasiada importancia a los detalles del proceso migratorio en sí mismo. Por ejemplo, la aprobación y subsecuente derogación de la Ley Pública 78 (el programa de los braceros) por el Congreso de los Estados Unidos les importó poco. En nada había influido esto en la estructura del mercado laboral de los Estados Unidos; conseguir trabajo les era igualmente fácil, y sólo les había significado diferencias sutiles en lo referente al paso material de la línea fronteriza. Una diferencia aparente era que en vez de tener que presentarse en los centros de contratación —como debieron hacerlo mientras estuvo en vigor el programa de braceros— y sobornar a alguien para que les incluyera en las listas, tenían que llegar a la frontera y sobornar a algún otro para que les ayudara a cruzarla. La documentación falsificada se convirtió en una apariencia de nuevo orden para algunos pero para otros no significó absolutamente nada, porque siempre habían viajado sin papeles de ninguna clase.

Los interrogados contestaron en casi todos los casos (84%)

que el propósito de su viaje a los Estados Unidos había sido ante todo el de ganar dinero, ahorrar lo más posible, y utilizar luego sus ahorros al volver a casa en alguna actividad productiva (independientemente del *status* migratorio). El proceso de la migración era contemplado por lo tanto como transitorio, planeado esencialmente con la perspectiva de acumular capital, pero sin el propósito de convertirlo en un modo de vivir definitivo.

La pronunciada diferencia del salario a percibir que implicaba aquel tipo de migración hacía el viaje muy atractivo. Sin embargo, en su actitud influía sobre todo la absoluta certeza de encontrar una ocupación en un periodo de tiempo brevísimo. Estaban totalmente seguros de que los empleos abundaban ("trabajos, sobran") y de que la demanda por sus servicios en los Estados Unidos era, a su entender, evidente. Este tema se repetía en todos los pueblos visitados. El único problema que se necesitaba resolver para trabajar del otro lado parecía ser exclusivamente el paso mismo de la frontera. Para esto daban por anticipado dos o tres intentos —en el caso de verse deportados— antes de darse por vencidos. Sólo *uno* de los interrogados, con una mala suerte excepcional, había desistido.

El periodo típico de la permanencia del otro lado era de comienzos del mes de marzo a diciembre (de seis a siete meses), pero muchos habían permanecido hasta tres años. El promedio de estancia fue de un año ocho meses (D. North y M. Houstoun señalan que la permanencia promedio de los mexicanos ilegales en los Estados Unidos era de dos años y medio).[5] Señalaron los campesinos que se volvían porque vivían mejor en sus comunidades. Al contar con capital adicional, sus perspectivas económicas mejoraban notablemente. Eran muchas las posibilidades de inversión en el campo, además de la agricultura, aunque las ocupaciones agrícolas —como la excavación de canales de riego, de pozos, o la compra de ganado, en especial de

[5] David North y Marion Houstoun, *op. cit.*

puercos para engorda— fueran las más frecuentes. Obviamente, no se contó con la opinión de los que decidieron quedarse a vivir definitivamente en los Estados Unidos, pero existe evidencia que indica que no estaban mejor que los que volvieron.[6] Había un pequeño grupo (7) que, después de haber residido en ese país legalmente, se había regresado con el capital suficiente para adquirir alguna maquinaria textil. Según ellos, vivían mucho mejor en su comunidad de origen (eran más respetados, pertenecían al sector más alto de ingreso en vez de encontrarse en el más bajo, tenían un trabajo en el sector primario del mercado de trabajo) (Villa Hidalgo). Otra de las características importantes de este proceso migratorio es que obviamente la consideración económica pura no es la única importante, y precisamente las características no económicas del proceso ayudan a explicar en forma destacada el fenómeno de la migración internacional de carácter temporal. Los migrantes a los Estados Unidos estaban dispuestos a recibir las ocupaciones menos aceptables desde el punto de vista social, pero por supuesto de una sociedad que no era la suya, y por lo tanto no influía mucho la sanción social. Al mismo tiempo, y por las mismas razones, no contemplaban la posibilidad de establecerse definitivamente en esa sociedad, y no les importaba dedicarse a ese tipo de trabajos siempre y cuando fueran solamente temporales. Los incentivos para irse eran por lo tanto puramente económicos, y el atractivo para regresar era básicamente social. Si bien regresaban a percibir en muchas ocasiones salarios inferiores, su posición social se había vuelto de las más elevadas en su lugar de origen. También fueron entrevistados algunos que eran migrantes en los dos lados. Se trataba de residentes legales en los Estados Unidos que volvían todos los años a pasar el invierno en sus pueblos. Eran de los más ricos y preferían que sus familias siguieran allí ocupándose de los negocios familiares.[7]

[6] Véase Luis González, *Pueblo en Vilo, op. cit.*

[7] Diecisiete gentes, dos familias.

En todos los casos, los migrantes temporales habían estado inicialmente subempleados. Tenían empleo, pero menos del que hubieran deseado y la migración de un miembro de la familia era considerada como un buen negocio. La producción de la empresa familiar en nada disminuía —tratándose de la agricultura—, y las remesas de fondos, en cambio, las podían destinar al consumo o a hacer ciertas composturas, o las ahorraban para algún proyecto en perspectiva.

La migración a los Estados Unidos había tenido por objeto, pues, complementar o llenar deficiencias en el mercado de capitales, o sustituir su total inexistencia, reponerse de un mal año agrícola, adquirir tierras, o iniciar o mejorar el negocio al cual se dedicaban. En todos los casos se reconoció implícitamente que el éxito se lograba al conseguir acceso a alguna institución comercial de crédito o al crédito comercial regular.

Al pedir la opinión de los campesinos sobre los préstamos, todos revelaron cierta desconfianza basada en una sensación de inseguridad económica al tener que depender el pago de las amortizaciones de elementos fuera de su control: lluvias escasas o en exceso, heladas, sequías, podían arruinar las cosechas, y la necesidad de pagar los préstamos empeoraría una situación grave ya de por sí.

Las fuentes de capital a las que podían además recurrir eran sobre todo inciertas. Aparte de la obtención de préstamos ocasionales de amigos o parientes, casi la única fuente de crédito era el prestamista local, o cacique (el jefe político del pueblo) que cargaba intereses altísimos. Los préstamos de mayor importancia se solían pedir para irse de braceros o adquirir mercancía para venderla. Tenían que pagar intereses de entre el 5 y el 10% mensual, o típicamente "se tenía que pagar, en términos reales, el doble de lo que se había pedido prestado".[8] Los bancos comerciales desempeñan un

[8] De las entrevistas.

papel insignificante, ya que pueden encontrar clientes más seguros a las tasas vigentes de interés.

Existe también la posibilidad de recibir créditos de instituciones gubernamentales aunque el problema en ese caso es la corrupción, que sube considerablemente el costo de los préstamos, y el hecho de que el crédito se proporcione a grupos, más que a individuos. Casi todos los créditos del gobierno se entregan a los ejidatarios.

Las razones que se han expuesto en varios escritos sobre la escasa disponibilidad de crédito formal para el sector rural resultan relevantes en este caso. Una de ellas es la existencia de un sesgo urbano;[9] otra está relacionada con problemas de la asignación del crédito dentro de las instituciones financieras mismas y su evidente preferencia por acreedores más fuertes y seguros. También se observa una escasez relativa de oportunidades de inversión en el sector rural en relación a las áreas urbanas y una escasez de información que impide el acceso al crédito.

Un segmento importante de migrantes parece haberse dedicado, de hecho, a la acumulación de capital, construyendo un fondo de inversiones a partir del ahorro de las remisiones. En este sentido, la migración internacional contribuye en cierta medida a la acumulación de capital. En algunos aspectos, como se verá más adelante, ese capital proporcionó una elevada tasa de retorno, fenómeno que se exploró con amplitud durante el trabajo de campo porque una vez acumulado e invertido ese capital se le abren las puertas del crédito comercial. Aunque existen en las comunidades oportunidades efectivas de invertir con éxito, la verdad es que nunca se tiene acceso al crédito antes de tener cierto capital *(leverage)*, al carecerse del apoyo colateral que se exige para cualquier préstamo. Cuando el capital acumulado se destinaba al enganche de una adquisición de maquinaria ligera, por ejemplo, desaparecían los impedi-

[9] Michael Lipton, "Agricultural Finance and Rural Credit in Poor Communities", en *World Development*, 1976, vol. 4, núm. 7.

mentos para recibir el crédito regular y desaparecería la necesidad de migrar a los Estados Unidos.

Como se vio en el capítulo anterior, las remisiones de fondos de los migrantes ilegales a los Estados Unidos figuran probablemente en algunas regiones entre las fuentes de capital principales de muchas comunidades.

Al hacer esta investigación se llegó a la convicción de que en todos los casos (aunque no por fuerza con regularidad, ni con cantidades iguales) se envían sumas importantes, en el 88% en forma de órdenes de pago bancarias y en el 6% en la de giros postales. Los trabajadores documentados envían también cheques personales, como en páginas anteriores se ha dicho. Las cantidades que los interrogados en la encuesta habían enviado oscilaban entre 400 y 80 dólares mensuales, pero ninguno recordaba la frecuencia de remisión con exactitud.

Como se mencionó en el capítulo anterior, en el 81% de los casos los migrantes aseguraron que se gastaba el mínimo necesario para subsistir (cantidad que variaba de un mes a otro) y se remitía el resto inmediatamente a los familiares como medida de precaución, porque podía ser robado o gastado por inadvertencia. Sin fijar ninguna cifra, dijeron que enviaban a su casa "lo más posible". Entre los migrantes se encontraron algunos que procedían de estratos de ingresos más altos, por lo general jóvenes sin muchas obligaciones; hacían remisiones irregulares y de cantidades muy pequeñas, de no pedirles sus familias ayuda para algún propósito especial.

Cuando los migrantes regresan a su casa han logrado reunir, por lo general, una suma de cierta importancia.

3. *Características generales de los migrantes. Quiénes migran y adónde*

Los habitantes de la zona de Jalisco que viajaron a los Estados Unidos como trabajadores migrantes reunían las siguientes características:

1. Varones —las mujeres sólo van cuando toda la familia se establece en los Estados Unidos—, del grupo de la población entre 18 y 35 años casi en su totalidad, aunque también se entrevistaron algunos de más de 68; si bien los migrantes más viejos en todos los casos viajaban documentados.

2. Con escasa instrucción (entre 3 y 6 años de enseñanza).

3. Al contrario de lo encontrado en otros estudios,[10] no pertenecían al nivel de ingresos más bajo en sus comunidades de origen. Si bien parecían ser jornaleros sin tierras, en realidad no lo eran. En la mayor parte de los casos podrían considerarse como miembros subempleados de una familia y pertenecientes a los estratos de la clase media y clase media alta.[11] Las personas de las clases de menores ingresos, entre las que se encuentran los jornaleros sin tierras, no pueden costearse los gastos de la migración a los Estados Unidos, que incluyen transporte hasta la frontera y los del paso de la misma, de más de 250 dólares.

Los miembros subempleados (pero no sobrantes) de una empresa familiar tenían todos los incentivos para emigrar. Los que se quedaban normalmente podían prescindir del trabajo del migrante y tenían que alimentar una boca menos y la posibilidad de recibir en cambio algunos fondos del que partió. Cuando éste volvía podía dedicar parte de lo enviado a emprender algún negocio. En esta investigación se encontró que estos miembros de empresas familiares son los que se han considerado en algunas encuestas referentes a los extranjeros ilegales, como "jornaleros sin tierras". Aunque en realidad no las tienen, no suelen trabajar por lo general fuera de la unidad familiar que, por su parte, se dedica a trabajar la tierra en forma comunal. Los verdaderos "jornaleros sin tierra" corresponden en efecto al estrato más bajo de la escala económica y carecen de empleo la mayor parte del año. En otros estudios[12] se corrobora el

[10] Wayne Cornelius, "Mexican Migration...", *op. cit.*

[11] Véase también Oscar Lewis, *Tepoztlán, op. cit.*

[12] Wayne Cornelius, "Mexican Migration...", *op. cit.*

hecho de que quienes se encuentran en el fondo de la escala económica pocas veces emigran a los Estados Unidos aunque en los mismos, en una aparente confusión, se considere que los jornaleros son los que emigran fundamentalmente a ese país. En realidad, los "jornaleros" se dirigen más bien a los centros urbanos. Este hecho no se pudo confirmar en las comunidades en estudio, por razones obvias (no estaban allí), pero está ampliamente documentado en otros estudios.[13]

Del análisis del material obtenido en las entrevistas resultaba claro lo siguiente:

Cuando el trabajo de la tierra o de otro tipo en las áreas rurales permite a la familia situarse por encima del nivel de subsistencia, el patrón migratorio predominante será hacia los Estados Unidos de forma temporal. En cambio, si los miembros de la familia son demasiados y sobresaturan el predio agrícola, viviendo por lo tanto en condiciones de estricta subsistencia, forzará a miembros nuevos o adicionales a emigrar en forma permanente a los centros urbanos. Esta distinción es importante ya que, de no hacerse, inexplicablemente parecería que existiera una migración interna que se dirige a los centros urbanos (en donde hay un claro excedente de oferta de mano de obra no calificada) junto a un flujo migratorio completamente distinto que se dirige a los Estados Unidos, en donde existe un exceso de demanda aparente por ese tipo de trabajadores y en donde el salario mínimo es por lo menos cuatro veces más alto que el jornal mínimo mayor de México (véase el cuadro 8).

[13] Esta distinción es importante y necesaria para comprender la explicación teórica del fenómeno que se presenta en la sección 4. Véase, por ejemplo, Abraham Iszavich, *Modernización en una comunidad del Valle de Oaxaca.*

CUADRO 8. *Salarios mínimos por jornada de 8 horas en los estados fronterizos de México con los EUA y en la ciudad de México, 1977*

	CIUDAD		*ZONAS RURALES*	
	Pesos	*Dólares*	*Pesos*	*Dólares*
Baja California Norte	133.90	(5.95)	105.50	(4.68)
Sonora (Nogales)	105.50	(4.68)	96.00	(4.26)
Chihuahua (Cd. Juárez)	111.30	(4.94)	97.30	(4.32)
Coahuila Norte	95.20	(4.23)	71.10	(3.16)
Tamaulipas Norte	108.90	(4.84)	90.60	(4.02)
Distrito Federal (Ciudad de México)	106.40	(4.72)	99.00	(4.40)

FUENTE: Comisión Nacional de Salarios Mínimos.

NOTA: El salario mínimo de los Estados Unidos era de $2.50 por hora, 20 dólares por jornada regular de 8 horas (1 dólar: 22.5 pesos en abril, 1977).

4. *Explicación teórica de la posibilidad de coexistencia de dos patrones migratorios procedentes de las mismas comunidades*

En las secciones anteriores se encontró que existían dos corrientes migratorias distintas provenientes de las mismas zonas rurales y que estaban condicionadas, aparentemente, por la organización de la producción que predominaba en el lugar de origen. En esta sección se presentará un análisis teórico en el que se considera de manera específica la estructura de la agricultura en México.

Con objeto de entender la organización de la producción agrícola en México resulta necesario explicar muy brevemente la relación entre aspectos institucionales de tenencia de tierra y la producción agrícola que nos lleva a presentar una breve descripción del funcionamiento de este sector.

El sector agrícola mexicano se divide en el censo en dos grandes categorías: ejidos y pequeña propiedad privada.

El ejido no es una propiedad privada. Consiste en una parcela de tierra (cuyas dimensiones varían de acuerdo con el uso que se le dé y según la zona de que se trate) que es otorgada a una comunidad de campesinos por el gobierno. Esta parcela no puede ser vendida, ni rentada, ni hipotecada. Es propiedad de la nación que está representada por una comunidad de "ejidatarios".

Por otra parte, la pequeña propiedad privada ha sido categorizada para los propósitos censales y de análisis en dos clases principales: las de menos de cinco hectáreas y las de más de cinco hectáreas.

Si el lector observa el cuadro 9 se dará cuenta de que las parcelas que tienen mayores excedentes para comercialización son las de más de 5 hectáreas, mientras los ejidos son, en por lo menos el 83% de los casos, de subsistencia. Esto parece indicar, asimismo, que las parcelas ejidales están sobrepobladas en la mayor parte de los casos y, por lo tanto, la producción se destina básicamente al consumo familiar. Por otra parte, las extensiones de menos de 5 hectáreas, en por lo menos el 96% de los casos, son de subsistencia.

En 1970, el 55.12% de la tierra cultivable pertenecía a los ejidos, el 3.07% a parcelas menores de 5 hectáreas, y el 41.81%, a mayores de 5 hectáreas.

El panorama general que emerge es el de un sector rural aparentemente sobrepoblado, y en el cual existen restricciones institucionales sobre la venta de la tierra.

Las familias que viven en las parcelas de subsistencia producen en general de manera comunitaria, mientras aquéllas que tienen ingresos por encima de la subsistencia organizan la producción en forma comunal o en forma estrictamente capitalista.

Pasemos ahora a ver cuál es la posible relación que hay entre los patrones observados de tenencia y organización de la producción con los dos flujos migratorios: uno permanente, hacia los centros urbanos (normalmente), y otro temporal y de carácter internacional, hacia los Estados Uni-

Cuadro 9. *Estratificación de la tenencia de la tierra por tipo de parcela*

	Total	1960		
	Miles de parcelas	*De más de 5 Has.*	*De menos de 5 Has.*	*Parcelas ejidales*
Por debajo del nivel de subsistencia[a]	1 241	43	528	670
Predios sub-familiares[b]	821	120	171	530
Predios familiares[c]	307	86	21	200
Predios medianos multifamiliares[d]	67	31	1	35
Predios grandes multifamiliares[e]	12	12	—	—
Total:	2 448	292	721	1 435

Fuente: Salomón Eckstein, *El marco macroeconómico del problema agrario mexicano.* Centro de Investigaciones Agrarias, 1968, p. IX.

[a] *Parcelas por debajo del nivel de subsistencia:* Producción anual de menos de $1 000, 1960. A este nivel corresponde el 50% de la totalidad de las parcelas. Su participación en la producción agrícola total fue ese año del 4%.

[b] *Parcelas sub-familiares:* Producción anual de entre $1 000 y $5 000, 1960. Incluye una tercera parte de las parcelas y su participación en la producción total fue del 17% en 1960. Se consideran parcelas "de subsistencia".

[c] *Parcelas familiares:* Producción anual de entre $5 000 y $25 000. Su participación en la producción agrícola total fue del 25% en 1960.

[d] *Parcelas medianas multifamiliares:* Producción anual de entre $25 000 y $100 000. Su participación en la producción agrícola total fue del 22% en 1960, representando el 2.8% de la totalidad de las parcelas.

[e] *Parcelas grandes multifamiliares:* Producción por encima de $100 000. Su participación en la producción agrícola total fue del 25% en 1960, representando sólo el 0.3% de la totalidad de las parcelas.

dos. Evidentemente existen muchas otras posibilidades de migración pero en este trabajo, y con el objetivo de simplificar el análisis, nos concentraremos solamente en estas dos posibilidades.

A continuación se demostrará de manera gráfica que, cuando se toman en cuenta los factores institucionales de tenencia de la tierra y la organización de la producción que resulta, al considerar también la presión que ejerce la población sobre la tierra, los dos patrones migratorios aludidos pueden explicarse.

GRÁFICA 1

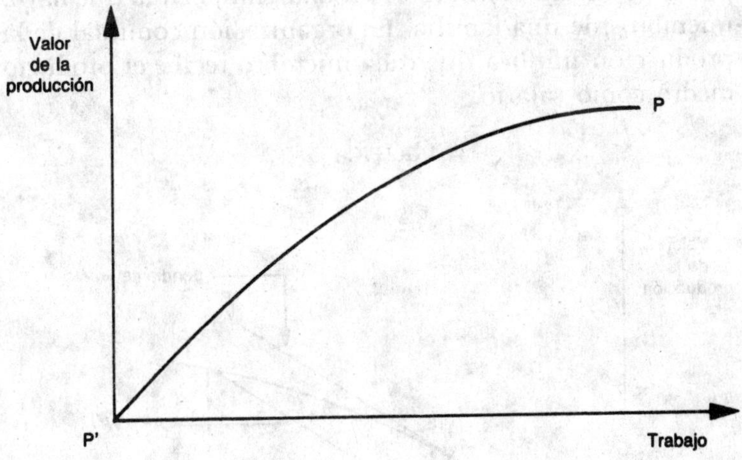

La curva P'P de la gráfica 1, representa la función producción de una granja individual. Implícitos en esta curva están diferentes procesos productivos, con distintas mezclas de insumos y diferentes productos.

GRÁFICA 2

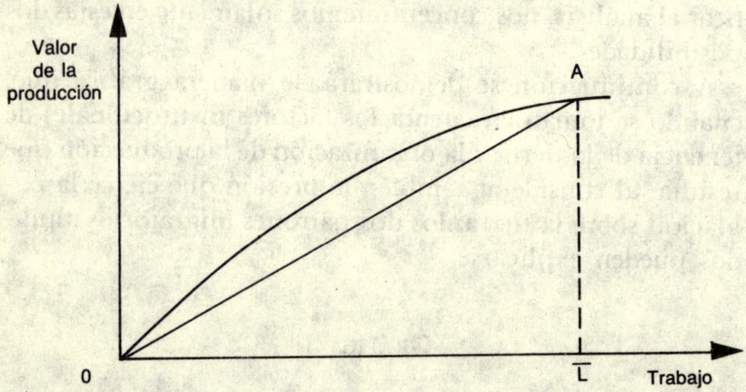

En la gráfica 2, la pendiente de la línea OA representa el producto medio por hombre en una granja en la que hay $\bar{L}$ miembros de una familia. La organización comunal de la producción implica que cada miembro recibe el producto medio como salario.

GRÁFICA 3

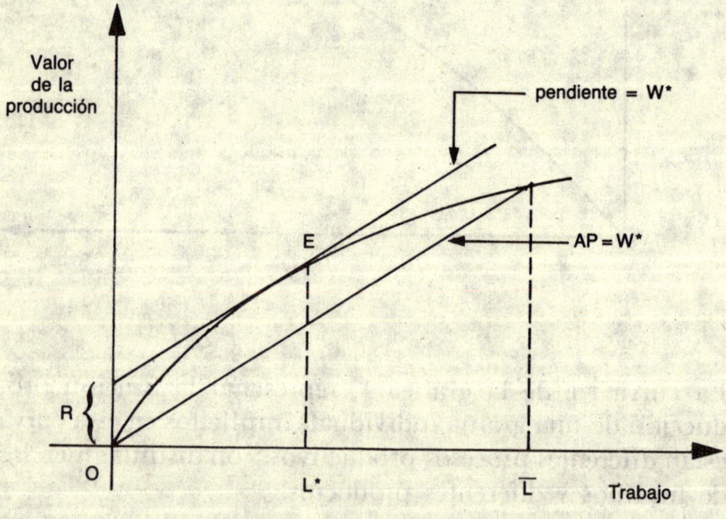

Aquí se supone (y así parecen confirmarlo los datos) que la mayor parte de las granjas o parcelas se encuentran sobrepobladas, por lo que el producto medio o salario prevaleciente será el de subsistencia.

En las áreas rurales, la demanda de mano de obra estará determinada por los salarios rurales prevalecientes, los cuales en este caso, y para simplificar, se supondrá que son los de subsistencia biológica, aunque si se relajara este supuesto no alteraría los resultados.

Las familias capitalistas pueden ser consideradas como empresarios que maximizan las ganancias de la empresa agrícola y producirán, por lo tanto, en el punto óptimo de producción E de la gráfica 3. En este punto, el salario rural prevaleciente, que es el de subsistencia, será igual a la productividad marginal de la mano de obra y una línea con la pendiente igual al salario será tangente a la función producción. L* trabajadores serán requeridos y se obtendrá la renta R.

GRÁFICA 4

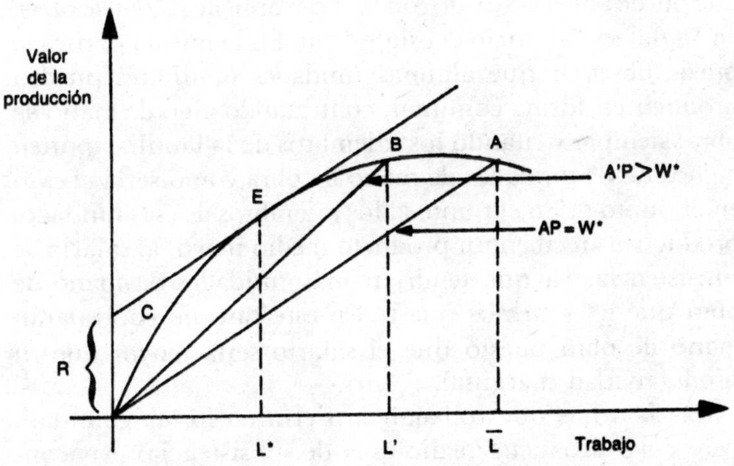

En la gráfica 4, se pueden identificar tres tipos distintos de unidades productivas:

a) Familias "capitalistas"; *b)* familias que trabajan la tierra en forma comunal, esto es, no se contrata mano de obra, y la productividad marginal es menor al salario rural prevaleciente, pero cuyo producto medio o salario es mayor al prevaleciente de subsistencia; *c)* familias que trabajan el predio en forma comunal, pero cuyo producto medio o salario es el de subsistencia.

Un "capitalista", maximizando ganancias, producirá en el punto E de la gráfica 4. En ese punto necesitará L* trabajadores y recibirá una renta de R. Es necesario mencionar aquí, y debe quedar claro, que si los ejidos u otras propiedades de "subsistencia" (con producto medio igual a la subsistencia y productividad marginal por debajo de la subsistencia) fueran puestos a la venta y comprados por "capitalistas" (lo cual legalmente no puede hacerse) la demanda de mano de obra en las áreas rurales se reduciría, al despedirse trabajadores hasta el punto en el que la productividad marginal de la mano de obra fuera igual al salario prevaleciente (L — L* tendrían que emigrar), proceso similar al que puede haber ocurrido con los "cercamientos" *(enclosures)* en Inglaterra al inicio del siglo XVIII. En la misma gráfica se puede observar que algunas unidades familiares pueden producir en forma comunal, contratando algo de mano de obra, siempre y cuando los miembros de la familia aporten menos de L* unidades de mano de obra como sería el caso en el punto C. En el punto B, los miembros de esas unidades productivas reciben un producto medio mayor al salario de subsistencia, ya que tendrían más unidades de mano de obra que L* y menos que $\bar{L}$. En este caso no contratarán mano de obra puesto que el salario sería mayor que su productividad marginal.

Las familias que trabajan la tierra en forma comunal, pero cuyo producto medio es *el* de subsistencia, se encontrarán en el punto A. De esta manera, en un extremo tendremos parcelas familiares que son trabajadas en forma comunal y con un producto medio o salario igual al de subsistencia, y en el otro, granjas probablemente mayores que son trabajadas en forma capitalista, y que contratan mano de obra al salario prevaleciente (subsistencia); en medio encontraremos unidades familiares que trabajan los predios en forma comunal, pero donde el producto medio o salario será mayor al de subsistencia. El caso de la producción comunal en donde se reciben salarios de subsistencia probablemente se podría identificar en alguna medida con una parte importante de los ejidos y los predios de menos de cinco hectáreas, de acuerdo con lo observado en el cuadro 9. En general, la mayor parte de los predios serán de subsistencia y estarán produciendo con el máximo número de gente posible, pero, evidentemente, hasta el momento en que el salario promedio sea de subsistencia.

Ahora, pasemos a ver la relación de lo anterior con los patrones migratorios. Como ya se dijo, en el caso del ejido no existe la posibilidad legal de vender, rentar o dejar la tierra ociosa. Estos predios son pequeños y la tasa natural de crecimiento poblacional es muy elevada. Estas características condicionan el hecho de que efectivamente el producto medio sea el de subsistencia, o esté en niveles cercanos al mismo. Cuando las familias que viven en estos predios crecen, o cuando uno de los miembros se casa, traer a otra persona a vivir al predio puede significar colocar a toda la familia en niveles por debajo del de subsistencia. Existe información que nos permite saber que el caso antes mencionado no es totalmente hipotético. En 1970 el 70% de la población rural estaba compuesto por ejidatarios y sus familias y tenían, de acuerdo con la información censal, una relación de 3.4 hectáreas de tierra arable por ejidatario (y su familia). Para las parcelas de menos de cinco hectáreas la relación era de 0.8 hectáreas por persona, mientras para los predios de más de cinco hectáreas la misma era de 13.4.

Lo anterior sugiere la probabilidad efectiva de que el

salario predominante en las áreas rurales sea el de subsistencia. En el sector agrícola los únicos que demandarán mano de obra serán los capitalistas, y lo harán al salario señalado. Si bien existe la posibilidad teórica de que un miembro de una familia trabaje fuera del predio y reciba un salario menor al de subsistencia (complementándolo después en el predio familiar), aquí supondremos que una vez que un miembro de la familia abandona el predio se cortan los lazos familiares y no existe la posibilidad de complementar el salario. Por lo tanto el salario tiene que ser, como mínimo, el de subsistencia.

A este salario la oferta de mano de obra en las áreas rurales será perfectamente elástica (ver gráfica 5).

GRÁFICA 5

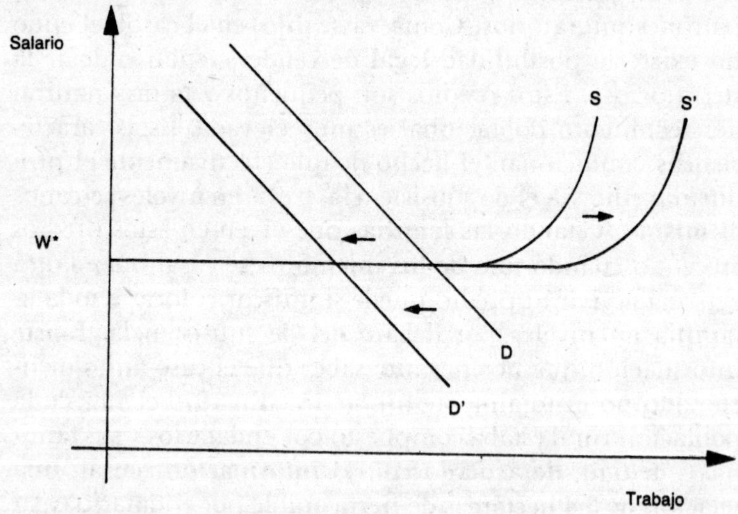

Existe una reserva importante de trabajadores sin tierra que está compuesta por quienes, debido al crecimiento poblacional, tienen que dejar los predios familiares, y por un acervo importante de jornaleros que ya existía. Esto implica que el segmento relevante de la curva de oferta S de la gráfica 5 es el horizontal. El crecimiento demográfico desplazará a la curva de oferta S′ y extenderá la porción horizontal. La porción ascendente de la curva de oferta existe porque, a medida que el salario aumente por encima del producto medio en las granjas más ricas, se podrán atraer más trabajadores al mercado de trabajo rural, aunque aquí eso sería prácticamente imposible.

En relación al desplazamiento de la curva de demanda, como ya se dijo, esta demanda provendrá de las granjas "capitalistas". Sin embargo, el crecimiento demográfico también puede implicar que dichas familias crezcan por arriba de L* a menos que algunos miembros de las mismas emigraran (gráfica 4) y en ese caso la demanda se desplazaría hacia la izquierda (gráfica 5) en la medida en que las granjas "capitalistas" empezaran a producir comunalmente, y dejaran por lo tanto de demandar mano de obra.

Las granjas "capitalistas" y las granjas familiares que producen por encima de la subsistencia tienen la flexibilidad de producir, si es necesario, con más gente, flexibilidad que no existe evidentemente en los predios de subsistencia, en los cuales, de incorporarse más personas, el ingreso familiar caería por debajo de la subsistencia. En estos predios se provoca la necesidad inaplazable de que algunos de sus miembros emigren a otra parte, y se excluyen al mismo tiempo las posibilidades de que regresen. La gente que vive en predios de subsistencia no tiene posibilidades de ahorrar, y cuando se trata del ejido estos predios no se pueden hipotecar ni rentar para conseguir capital, repetimos.

Los miembros excedentes de los predios familiares que viven a niveles de subsistencia pueden trabajar al salario prevaleciente en alguna granja capitalista cercana, pero su ingreso, como ya vimos, será independiente del familiar. Para la familia, la ventaja de ver emigrar a uno de sus miembros será el incremento en consumo *per capita* familiar que significará este movimiento. Sin embargo, el trabajador que se emplee en una granja "capitalista" tendrá eventualmente que emigrar en forma permanente a un centro urbano. Cuando un trabajador de este tipo se casa y empieza una nueva familia, a medida que ésta crezca, tendrá él que aumentar su precio de oferta, es decir, ese precio ya no será el suyo individual, tendrá que reflejar las necesidades de su familia, y que incluir por lo menos el ingreso que permita subsistir a la misma.

Eventualmente, y dada la oferta de mano de obra existente, los "capitalistas" contratarán trabajadores solteros, ya que éstos tendrán menores requerimientos de subsistencia y por lo tanto su precio de oferta será menor. Dados los anteriores supuestos, prácticamente la única solución está en emprender la migración a los centros urbanos puesto que sólo en ellos podrá encontrar empleo dado su precio de oferta. Los salarios prevalecientes en los estratos más bajos del mercado laboral urbano aparentemente permitirán que los migrantes sobrevivan, incluso teniendo que dedicarse —como es relativamente común— a ocupaciones como la de pepenadores, o mendigando. Los "trabajos" disponibles para estos migrantes no son por supuesto nada deseables, circunstancia que explica en parte el hecho de que en muchos casos se posponga el proceso migratorio hasta que es inevitable. Aquí también, lo mismo que se mencionó en el capítulo III para las ocupaciones del sector secundario en los Estados Unidos, el factor social asociado al empleo influye definitivamente.

La migración a los Estados Unidos, para esta gente, aunque fuera posible no es probable por varias razones. En primer lugar, es muy difícil para ellos acumular el capital necesario para los gastos del viaje que representa llegar a ese país, y que incluyen entre otras cosas (aunque no siempre) alrededor de 250 dólares para que "les ayuden" a cruzar la frontera, más costos de transporte, más ingresos que se dejan de percibir. Este último aspecto, cuando se está viviendo a nivel de subsistencia, resulta importantísimo. Otro problema estriba en que incluso si van temporalmente a los Estados Unidos, y provienen de un ejido, al no poder comprar tierras en su lugar de origen de todas maneras se tendrían que establecer en alguna otra parte. No pueden dejar a sus familias, y tampoco las pueden llevar con ellos al extranjero. Prácticamente, la única solución es, por lo tanto, migrar en forma permanente a un centro urbano dentro de México.

Las perspectivas migratorias para las unidades familiares que viven por encima de la subsistencia son totalmente distintas. Debido al hecho de que los miembros de estas familias cuentan con bajos niveles de calificación, en muchos de los empleos que podrían conseguir en las áreas urbanas les pagarían probablemente salarios menores a su precio de oferta (producto medio que dejarían de percibir). De esta manera, primero que nada puede suceder que exista un diferencial de salarios negativo para ellos en relación a las ciudades por lo que esta alternativa migratoria ni siquiera será considerada. Por otra parte, la migración temporal a los Estados Unidos les resulta particularmente atractiva. En este caso sí existe un evidente diferencial positivo en salarios, y las posibilidades de encontrar empleo de acuerdo con experiencias pasadas se aproximan al 100%.

Supóngase, en la gráfica 6, que x_b miembros de la empresa familiar se encuentran trabajando en un momento dado y que uno de los miembros decide irse a trabajar a los EUA. En el momento que parte, y suponiendo que no recibe dinero de la familia, el producto medio aumenta mejorando por lo tanto la situación de los que se quedan. Poco después enviará probablemente dinero que puede ser usado para consumo o mejoras de la tierra por la familia aumentando por lo tanto las posibilidades de producción. Aquí, lo mismo que en el caso del predio de subsistencia, el producto promedio aumenta; el producto marginal del migrante se pierde pero la ganancia en términos de consumo *per*

GRÁFICA 6

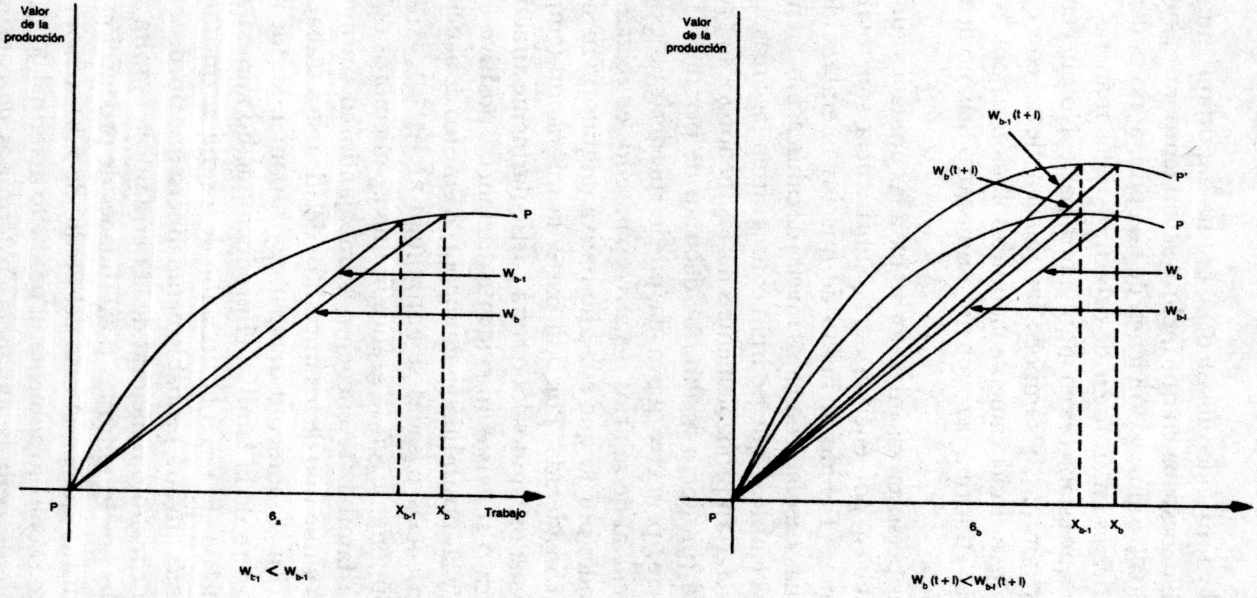

Valor de la producción
P
Wb-1
Wb
P
6a
Xb-1
Xb
Trabajo
Wt1 < Wb-1
Valor de la producción
Wb-1 (t + l)
Wb (t + l)
P'
P
Wb
Wb-l
P
6b
Xb-1
Xb
Wb (t + l) < Wb-l (t + l)

capita del resto de la familia, y el dinero remitido, compensan de sobra las pérdidas.

Siendo este el caso, cuando un miembro emigra, los restantes observarán un aumento en ingreso de w_b a w_{b-1}. Si el migrante remite dinero y la familia lo invierte en el proceso productivo, verán aumentar aún más sus ingresos (gráfica 6b) a w_{b-1} (t+l). Cuando el migrante regresa, todos habrán visto su ingreso aumentado a w_b (t+l). El migrante podrá también establecer un negocio independiente, comprar tierra y explotarla como "capitalista", contratando mano de obra a salarios w^s, y su familia de todas formas estará mejor que antes en w_{b-1}. Las granjas capitalistas eficientes que contratan mano de obra al salario predominante, recibirán rentas elevadas, y los dueños no tendrán incentivos para trabajar en el extranjero.

5. *Consideraciones referentes al lugar de destino de la migración laboral interna*

Cuando se desea explicar el proceso de la migración en general, y particularmente el de México, se pretenden aclarar habitualmente varias cosas al mismo tiempo. Al tratar de hacerlo, se confunde en parte el problema y se pierden de vista los factores económicos más importantes y a los que se debe atribuir básicamente la migración.

La migración interna difícilmente se entenderá desde su punto de vista económico si se parte del supuesto de que sólo se debe a la existencia de un diferencial positivo de salarios entre dos regiones determinadas. Si se cree que los migrantes sólo toman en cuenta diferencias de salarios, quizá con una evaluación de la demanda de trabajo, el problema sólo estará comprendiéndose a medias. Sin embargo, resulta difícil demostrar esta aseveración por varias razones.

La primera es que se trata de un problema empírico. Como el mercado de la mano de obra urbano está muy segmentado en México,[14] a un migrante rural no calificado, hombre o mujer, le tiene que resultar muy difícil determinar el salario al que puede aspirar. La información referente al salario que se fija al trabajo no calificado es el salario mínimo legal, que se supone es aproximadamente el mismo, en términos reales, tanto para el sector urbano como para el rural.

Ese salario, sin embargo, no lo pagan muchos de los empleadores en ninguno de los dos sectores.

> Son muchos los empleadores que no pagan el salario mínimo. Se estima que el incumplimiento oscila entre el 30 y el 50% en el sector urbano, y llega a ser tan alto como el 80% en el sector rural. La mayor parte de los que se ajustan a lo dispuesto corresponde a la ciudad de México.[15]

Dentro del "sector moderno", las diferencias salariales que se derivan del tamaño de la empresa resultan increíblemente pronunciadas, pasando del 600% en el sector manufacturero.[16]

Basta una ojeada al cuadro 10 para darse cuenta de que en las empresas más pequeñas del sector manufacturero los salarios promedio se encuentran por debajo del mínimo legal. Es muy probable que el monto de los salarios reportados contenga un sesgo hacia arriba (como es ilegal pagar menos de lo legalmente establecido, las empresas presentan probablemente una información inflada de sus nóminas en los reportes a los censos industriales).

A pesar de todo, el sector es el mejor organizado y del que puede obtenerse mejor información en relación al mercado laboral. Este "sector moderno" parece estar, en cualquier

[14] No se ha hecho un estudio detenido del mercado de trabajo urbano en México, que por supuesto rebasa el propósito de este trabajo.

[15] Bureau of International Labor Affaires, U.S. Department of Labor, *Profile of Labor Conditions in Mexico*, Washington, 1979, p. 6.

[16] Kenneth S. Flamm, *Technology, Employment and Direct Foreign Investment. Evidence from the Mexican Manufacturing Sector*. Tesis doctoral, MIT, 1979, p. 43.

CUADRO 10. *Características de las unidades productivas del subsector manufacturas, 1970*

Tipo de establecimientos Sector manufacturero	*Núm. de establecimientos*	*Personal ocupado*	*Remun. media mensual (pesos)*	*Capital neto invertido (miles de pesos)*	*Valor agregado censal bruto (miles de pesos)*
Total	118 892	1 516 162	1 739.43	149 901 124	78 639 912
Unidades familiares	57 394	91 680	536.71[a]	735 413	671 416
Talleres artesanales	38 959	106 160	552.29	2 111 072	2 037 286
Pequeña industria	10 761	96 795	983.74	4 463 320	2 799 365
Mediana industria	8 961	353 140	1 515.79	28 589 279	15 098 402
Gran industria	2 817	868 387	2 243.15	114.002 040	58 033 448

FUENTE: Censo Industrial 1971, tomado de Estadísticas de la Ocupación por Sectores Económicos, CENIET.

[a] Calculado: (Juan Díez-Canedo) $\left\{ \frac{\text{Valor agregado} - (\text{capital neto} \times 0.11)}{\text{Personal ocupado total}} \right\} \div 12.$

NOTA: El salario mínimo mensual para 1970 es de 747.3.

caso, muy segmentado y por eso es muy difícil generalizar en cuanto a las condiciones laborales que prevalecen en el mismo. En el sector terciario, y sobre todo en sus estratos más bajos, donde encuentra acomodo la mayor parte de los migrantes rurales no calificados, la desorganización es mucho mayor. Aquí casi cualquier cosa puede constituir un empleo, el autoempleo y el trabajo infantil son frecuentes, y cambiar de ocupación no representa ningún problema. Un espectro casi continuo de grados de subempleo es la regla, mientras el desempleo abierto es poco común. Los salarios, cercanos a los de subsistencia, obligan a que todos los miembros de la familia lleven a su casa lo que puedan.[17] En este sentido, cualquier aumento de la oferta de trabajo que resulte de la migración tendrá que traducirse en un incremento del empleo (o del subempleo) en las zonas urbanas.

El hecho de que haya migración del campo a la ciudad refleja la premisa evidente de que, en el sector rural, los salarios y las oportunidades de trabajo son menores que en el sector urbano.

Decir que esta migración responde a diferenciales positivos en salarios y a probabilidades más altas de encontrar empleo es tomar la explicación usada típicamente por modelos microeconómicos (por lo demás obvia).[18] Esta explicación, sin embargo, no aclara qué clase de trabajos son tomados por los migrantes, cómo consiguen ocupación y de qué manera encajan en la estructura urbana del mercado de trabajo.

Los migrantes de las *áreas rurales* tienen en muchos casos poca instrucción y por haber sido expulsados del campo sus expectativas inmediatas en cuanto a tipo de trabajo y salario no son muy elevadas. En la mayoría de los casos —puede decirse también— estos migrantes no tienen ahorros que les permitan sobrevivir ni siquiera por cortos periodos de desempleo. El no poder sobrevivir desempleados en las áreas urbanas, y el hecho de que la migración se lleve a cabo en números crecientes (por lo menos en términos absolutos) indica que no debe haber carencia de empleos —cualesquiera que éstos sean— que pueden ser tomados por ellos.

La noción comúnmente usada por economistas del desarrollo de "desempleo abierto" parece ser completamente contradictoria con la migración de este tipo y con las condi-

[17] Lisa Peattie, "Organización de los marginales", en R. Ketzman y J. L. Reyna, *Fuerza de trabajo y movimientos laborales en América Latina*, El Colegio de México, 1979, p. 111.

[18] Todaro, Harris.

ciones cercanas al nivel de subsistencia que imperan en los estratos inferiores del mercado de trabajo.

6. *Los migrantes mexicanos en el mercado de trabajo de los Estados Unidos*

Como ya se ha dicho, la migración mexicana a los Estados Unidos tiene una larga historia. Los estados de California, Texas y Nuevo México formaron parte de México hasta 1848. Un segmento importante de los migrantes mexicanos indocumentados se dirige a esos estados y se mezcla entre los mexicano-norteamericanos con los que comparten algo de su trasfondo cultural y étnico, y cuyos antepasados vivieron allí antes que nadie. La mezcla es tan clara que muchos norteamericanos descendientes de mexicanos se quejan de que algunas autoridades los maltratan por confundirlos con "ilegales".[19]

El bracero mexicano, o trabajador que migra a los Estados Unidos es, como ya se mencionó, una institución que ha subsistido a lo largo de la historia en algunas comunidades rurales. El hecho de que esos "mexicanos que desean llegar a los Estados Unidos tropiecen con innumerables barreras legales pero con muy pocos obstáculos auténticos"[20] es asimismo una realidad muy conocida en todos los pueblos y entre los empleadores norteamericanos. Históricamente persistente es también el hecho de que, en cuanto cruzan la frontera, les cuesta muy poco trabajo encontrar empleo en una granja o en una fábrica.[21]

En 1929, algunos autores que estudiaron el mercado de trabajo argumentaron que la necesidad de mano de obra

[19] A. Hoffman, *Unwanted Mexican Americans,* Univ. of Arizona Press, 1974.

[20] G. E. Hoover, "Our Mexican Immigrants", en *Foreign Affairs*, vol. 8, núm. 1, oct. 1929, pp. 99-107.

[21] G. E. Hoover "Our Mexican...", *op. cit.*, p. 100.

mexicana se había debido esencialmente a que había aumentado la especialización en la agricultura:

> ...al haberse generalizado tanto una agricultura especializada, esa persona (el migrante mexicano) tiene gran demanda, sobre todo entre los granjeros cuyos cultivos exigen más trabajadores de los que pueden proporcionarles sus familiares y que no pueden recurrir a sus vecinos, casi siempre dedicados también al mismo tipo particular de cosecha.[22]

Una especialización mayor, se decía entonces, requeriría más migrantes mexicanos, que acudirían atraídos por una "interminable necesidad de nuevos migrantes".

Las particularidades de este fenómeno migratorio han persistido a través de los años a pesar de que, entre los riesgos de ese proceso, siempre ha figurado la deportación. El riesgo de la deportación parece ser relativamente alto en el momento de pasar la frontera, pero los migrantes lo tienen muy presente. Saben que es elevado el grado de incertidumbre en lo que respecta a la intensidad de las "campañas" de deportación y a que se presente repentinamente el INS coincidiendo con las fluctuaciones cíclicas de la oferta de trabajo nativo, con el tipo de empleo que se ocupe y con los ciclos económicos.[23] Ese riesgo también ha sido un elemento persistente dentro de este fenómeno y nunca ha estorbado demasiado su flujo.

Otro elemento que tampoco ha cambiado mucho durante las diferentes etapas por las que ha pasado esta migración ha sido la posibilidad de encontrar empleo. Habría podido esperarse que al darse por concluido el programa de los braceros hubiera sido más difícil hallar ocupación. Esto,

[22] *Ibid.*

[23] Michael Piore, *Birds of Passage*, p. 173. Se comprende que los riesgos de la deportación existan puesto que existe una ley de inmigración, pero el número de las deportaciones varía según las circunstancias. La "Operación espaldas mojadas", que se efectuó en 1954, significó la deportación de más de un millón de mexicanos.

sin embargo, de acuerdo con lo encontrado en el trabajo de campo, no ha sucedido.

De acuerdo con los que habían pasado por las dos experiencias (braceros e ilegales, el 32% de la muestra), las cosas *mejoraron*. Cuando estaba vigente el programa de los braceros, eran contratados para trabajar con un empleador específico desde antes de salir a los Estados Unidos y les estaba legalmente prohibido ocupar otro empleo. Esto, en ocasiones, significaba que se les asignaba una ocupación indeseable y muy mal pagada. Sucedía en ocasiones que los empleadores no se atenían al contrato y despedían prematuramente al trabajador. Estaban atados a un empleo y a un patrón; en cambio, como trabajadores ilegales nunca tuvieron dificultad para encontrar trabajo y, adicionalmente, si el que tenían no les gustaba o podían conseguir un salario mejor en otra parte, siempre se podían cambiar. El único problema era el del cruce de la frontera y no le concedían demasiada importancia, sobre todo si se consideraba —y siempre lo hacían— la posibilidad de que los deportaran hasta en tres ocasiones antes de lograr entrar. Una vez que cruzaban, cosechaban naranjas, uvas o cualquier otro producto de la estación, y por lo general de una cosecha pasaban a la siguiente. Los migrantes que deseaban empleos agrícolas los encontraban directamente en el campo o en los poblados pequeños. El sistema habitual era empezar a explorar por la mañana temprano, y tratar de encontrar las colas que se formaban para los empleos. Simplemente se ponían en la fila y eran empleados al cabo de uno o dos días.

Cuando se analiza el tipo de ocupaciones que reciben los ilegales siempre surge el aspecto de la explotación. Este es un cariz difícil de concretar pero ninguno de los entrevistados sintió haber sido explotado a causa de su *status* ilegal. En todos los casos recibieron el salario mínimo o más. Normalmente trataban de ganar lo más que podían. Un migrante que llevaba documentación falsa, por ejemplo, estuvo recibiendo 3.10 dólares por hora (1976) trabajando a destajo en el campo, y ganaba, además, $4.77 por la hora en una enlatadora de tomate. Por 16 horas de trabajo obtenía 63 dólares diarios. Tenían la sensación de estar "trabajando como esclavos y ganando como reyes".

La explotación en sus pueblos era más evidente. No obstante que los salarios eran muy bajos —porque había un exceso de oferta de mano de obra en general—, y por debajo del salario mínimo legal, nadie se quejaba. Les aterraba el riesgo de perder aquella ocupación. Además esos asalariados (jornaleros) de los pueblos eran de los que normalmente no emigraban a los Estados Unidos por las razones ya explicadas.

Quienes preferían las faenas agrícolas o le tenían miedo al invierno,[24] al decidirse a trabajar en los Estados Unidos preferían sobre todo el estado de California. La migración típica duraba de seis a siete meses, de marzo a agosto. También se iban a Texas porque estaba más cerca, aunque los salarios y las condiciones de trabajo eran allí menos atractivos.[25] Otros que se proponían quedarse más tiempo solían buscar empleo en la industria de la zona de Chicago o de Los Ángeles. Dependía mucho de la preparación que tenían, de sus experiencias pasadas, o simplemente de la casualidad. Los migrantes que iban a las zonas industriales solían ser los mejor preparados y con mayor experiencia.

En esos casos, la permanencia era de entre uno y tres años, y los motivos para regresarse, por regla general, la deportación, alguna huelga, o problemas familiares. Migraban habitualmente, o se proponían hacerlo, tres o cuatro veces —nunca una sola— o bien eran profesionales de la migración temporal que acudían todos los años. Este último grupo (18%) estaba compuesto en su mayor parte por migrantes documentados (14%) pero incluía algunos que aseguraban no haber tenido nunca el menor problema ni

[24] Luis González, *Pueblo en vilo*, *op. cit.*

[25] En el estudio de Gamio (1930) se presenta la misma observación.

para cruzar la frontera; por eso no les preocupaba lo más mínimo la obtención de papeles. En cualquier caso, normalmente, a las tres o cuatro temporadas habían ahorrado lo suficiente para establecerse en su lugar de origen a su vuelta y tener acceso al crédito comercial. En el cuadro 11 puede observarse que esta frecuencia de migración se ha mantenido desde por lo menos el programa de braceros, y refleja hasta cierto punto el grado de bracerismo profesional a que hacen frecuente referencia algunos estudios antropológicos. En la estación migratoria de Monterrey, aproximadamente un 40% de braceros había sido contratado más de tres veces con anterioridad.

7. *Destino de los migrantes*

Normalmente los migrantes no tenían ninguna idea en cuanto a áreas específicas de destino. Aun cuando al principio de su viaje trataban de ir a una localidad determinada, por lo general se quedaban donde pensaban que *podría* ser su destino final.

Cruzaban la frontera en el punto donde les resultaba más fácil, y era muy común encontrar que si bien, por dar un ejemplo, un migrante se había propuesto ir a Chicago, en

CUADRO 11. *Número de veces que fueron contratados los braceros en los Estados Unidos. Estación migratoria de Monterrey, 1959-1962*

Año	*Ninguna (%)*	*Una vez (%)*	*Dos veces (%)*	*Tres veces o más (%)*
1959	28.8	16.2	17.2	37.8
1960	26.4	13.6	15.7	44.3
1961	35.1	13.6	13.2	38.1
1962	32.2	12.5	12.3	43.0

FUENTE: H. Campbell, *Bracero Migration and the Mexican Economy, 1951-1964.*

un momento dado se bajaba del camión en Kansas City e inmediatamente encontraba empleo por ejemplo en una carnicería. A veces, por equivocación, tomaban un autobús con la intención de ir a Chicago, pero se iban hasta Minnesota. Tal vez querían ir a Oakland y acababan en Denver, o querían ir a Chicago, pero se les acababa el dinero y trabajaban por algún tiempo en Texas, antes de continuar el viaje hacia el medio oeste. En todos los casos pudieron encontrar un trabajo en menos de una semana. Resulta sorprendente que esta gente, sin ningún conocimiento del idioma inglés (en un 92% de los casos), pudiese cruzar la frontera, llegar a un suburbio de Chicago y encontrar trabajo en menos de una semana.

Si bien se podría suponer que la búsqueda de empleos se debería realizar normalmente cerca de los lugares a los que habían llegado algunos amigos o familiares, en los cuadros 12 y 13 se puede ver que este no era el caso, por lo menos para los de la región que se investigó. Casi nunca había personas del mismo pueblo trabajando en la misma localidad de los Estados Unidos. Un lugar era para ellos tan bueno como el siguiente, siempre y cuando pudieran encontrar trabajo. Encontrar empleo no era problema, pero sí les era muy difícil encontrar una dirección y una localidad específica. Esto también es reflejo de la gran demanda existente en los Estados Unidos para este tipo específico de mano de obra.

8. *La búsqueda de empleo*

Este aspecto del proceso migratorio no había sido bien comprendido por los migrantes; no existían reglas preestablecidas para hallar empleo. Se dirigían, simplemente, hacia donde pensaban que querían ir y trataban de encontrar a alguien que hablara español. El que encontraban casi siempre les ayudaba, ya bien llevándolos directamente a

CUADRO 12. *Destino en los Estados Unidos de migrantes provenientes de La Unión, Jalisco, trabajando en los EUA (31 de julio de 1975; por estado y localidad)*

Estado	*Localidad*	*Número de migrantes*
Arizona	Hayden	1
(Total: 7)	Kearny	3
	San Luis	1
	Wellton	2
California	Los Ángeles	22
(Total: 149)	Santa Ana	15
	Norwalk	8
	Union City	8
	Hickman	5
	Huntington Park	5
	Long Beach	4
	San José	4
	Compton	3
	Denair	3
	Huntington Beach	3
	Livingston	3
	Marysville	3
	Merced	3
	Oakdale	3
	Orland	3
	Selma	3
	Venice	3
	Acampo	2
	Bakersfield	2
	Kerman	2
	Rocklin	2
	Snelling	2
	Watsonville	2
	Westminster	2
	Whittier	2
	Alhambra	1

CUADRO 12. [*Continúa.*]

Estado	*Localidad*	*Número de migrantes*
California	Anaheim	1
	Artois	1
	Azusa	1
	Berkeley	1
	Chino	1
	Dinuba	1
	El Centro	1
	El Monte	1
	Freedom	1
	Fresno	1
	Hayward (Castro Valley)	1
	Heber	1
	Indio	1
	King City	1
	Lamont	1
	Madera	1
	Manteca	1
	Montebello	1
	Newbury Park	1
	Oakland	1
	Orange	1
	Paramount	1
	Sacramento	1
	Santa Paula	1
	Solana Beach	1
	Soledad	1
	South Gate	1
	Vacaville	1
	Yuba City	1
	Otras localidades	3
Colorado	Pueblo	19
(Total: 23)	Denver (Lakewood)	3
	Norwood	1

Cuadro 12. [*Continúa.*]

Estado	*Localidad*	*Número de migrantes*
Florida (Total: 2)	Daytona (Allendale)	2
Illinois (Total: 32)	Chicago	23
	Elgin	2
	Harvey	2
	Joliet	2
	Onarga	3
Michigan (Total: 6)	Detroit	3
	Ferndale	3
Montana (Total: 1)	Sidney	1
Nebraska (Total: 3)	Nebraska City	1
	Omaha	1
	Wood River	1
Nevada (Total: 2)	North Las Vegas	1
	Tonopah	1
Nueva Jersey (Total: 3)	Atlantic City	2
	Clementon	1
Nuevo México (Total: 3)	Anthony	3
Nueva York (Total: 4)	Germantown	2
	Pine Bush	2
Ohio (Total: 2)	Toledo	2
Oklahoma (Total: 1)	Madill	1

CUADRO 12. [*Continúa.*]

Estado	*Localidad*	*Número de migrantes*
Oregón (Total: 1)	Priceville	1
Pennsylvania (Total: 1)	McDonald	1
Texas (Total: 43)	Dallas	15
	Fort Worth	9
	San Antonio	5
	El Paso	3
	Corpus Christi	2
	Skidmore	2
	Water Valley	2
	Houston	1
	Levelland	1
	Lubbock	1
	Mission	1
	Ysleta	1
Washington (Total: 1)	Seattle	1
Wisconsin (Total: 2)	Milwaukee	1
	Racine	1

RESUMEN

Estados con el mayor número de migrantes:

California	149
Texas	43
Illinois	31
Colorado	23

CUADRO 12. [*Concluye.*]

Ciudades con el mayor número de migrantes:

Chicago, Ill.	23
Los Ángeles, Cal.	22
Pueblo, Col.	19
Dallas, Texas	15
Santa Ana, Cal.	15

Número total de estados representados:	19
Número total de localidades representadas:	110
Número total de migrantes trabajando en los EUA	285

FUENTE: Lista de direcciones recabadas por el cura local. Datos recogidos por W. Cornelius. Población estimada de la comunidad en esa fecha: 3100. Tomada de W. Cornelius y J. Díez-Canedo. "Mexican Migration to the United States. The View from the Rural Sending Communities", pp. 9-11

algún lugar donde podían trabajar o bien ayudándoles a inscribirse en las listas de "solicitud de empleo" de unas cuantas empresas. Luego les ayudaban a encontrar un lugar en el cual quedarse y al poco tiempo después ya estaban trabajando.

Cuando llegaban a los centros industriales, tendían a colocarse en empleos del llamado mercado secundario de trabajo. Debido a las elevadas tasas de rotación de personal que caracterizan a ese mercado, es relativamente fácil encontrar vacantes que los aspirantes puedan ocupar de inmediato. El proceso de búsqueda de trabajo en el sector rural también es, como ya se ha dicho, muy rápido.

Según uno de los trabajadores, un tema común de conversación en las minas de Montana era saber el tiempo que cada miembro de una cuadrilla se había pasado sin perder un solo día de trabajo. En la mayor parte de los casos, los trabajadores nativos faltaban un par de días cada dos o tres

CUADRO 13. *Destino en los EUA de migrantes de Arandas, Jalisco, trabajando en ese país en septiembre de 1976, por estado y localidad*

Estado	*Localidad**	*Número de migrantes*
Arizona (Total: 1)	Campo Verde	1
California (Total: 17)	Chico	1
	Dixon	1
	Gehment	1
	Hollywood	1
	Inglewood	1
	Los Ángeles	3
	Nerwalk	1
	Pitsburgh	1
	Sacramento	1
	Santa Ana	2
	San José	1
	San Pedro	1
	Vacanillo	1
	Yuba City	1
Illinois (Total: 3)	Aurora	3
Missouri (Total: 1)	Kansas City	1

FUENTE: Lista de direcciones recolectada por el representante del grupo de "Hijos ausentes" de Arandas en la ciudad de México.
* Escrito así en el documento copiado.

semanas; un ilegal aseguró haber trabajado 52 semanas sin una sola falta y que había trabajado tiempo extra siempre que se le había ofrecido la oportunidad.

En otro caso, en una compañía fundidora de acero de Illinois, los empleos más importantes y la mayor parte del tiempo de trabajo extra —que se ofrecía como un premio— habían correspondido casi siempre a ilegales por la confianza que habían logrado inspirar. Habían ido a trabajar y trabajaban todo lo que podían porque el SIN podía presentarse de improviso y sabían que todo habría acabado. Se sentían plenamente contentos de desempeñar aun las ocupaciones más desagradables siempre que pudieran conseguir horas extra. Los demás trabajadores no parecían sentirse a gusto en el trabajo, faltaban a menudo, causaban problemas y se les tenía poca confianza. Circunstancias típicas de la fuerza de trabajo secundaria.

9. *Consecuencias de la ilegalidad*

El *status* ilegal de parte de esta fuerza de trabajo no parecía importar para el proceso de la búsqueda de empleo ni para las relaciones laborales. Tampoco parece que afecta ni modifica de ninguna manera los mecanismos del mercado laboral interno.

Pueden ofrecerse varias explicaciones al respecto. La primera es que cuando alguien está trabajando ilegalmente, ese secreto es precisamente el que guarda mejor. Aunque muchos de sus compañeros de trabajo se imaginen que hay bastantes ilegales entre ellos, nunca llegan a saberlo con certeza mientras no se presenta una incursión del SIN. Y cuando sucede, con frecuencia los que se habían imaginado que podrían ser ilegales no lo eran y, en cambio, resultaban serlo algunos de los que nadie hubiera sospechado. Otra razón es que el empleador lo único que necesita para estar dentro de la ley es que cada contratado tenga su credencial o un número de la seguridad social, documento que es facilísimo de conseguir porque se puede sacar de unas máquinas que graban unas credenciales metálicas por 25 centavos. En las comunidades donde viven siempre tienen preparada una reserva de esas credenciales que se circula constantemente entre sus miembros.

En los centros industriales, por lo tanto, el mercado de trabajo —o más exactamente, el mercado de trabajo secundario— no era ilegal. Nadie, hombre ni mujer, era contratado por ser ilegal y esto por varias razones; la primera, como ya se ha dicho, porque nadie lo notaba; la segunda, porque lo más probable era que el empleador prefiriera mantenerse dentro de la ley, y la tercera, porque cuando el empleador decidía reducir los salarios, al imaginarse que sus obreros eran ilegales, los interesados se iban inmediatamente a otra parte. Como habían ido a los Estados Unidos a ganar dinero, todos estaban bien enterados de los salarios que se pagaban. Lo mismo sucedía en los empleos agrícolas. En cuanto se sabía que en alguna finca vecina se iban a subir los salarios cinco o diez centavos por hora —o por caja si se trabajaba a destajo—, allí se dirigían los trabajadores. Por eso los salarios tendían a mantenerse prácticamente iguales en todas partes.

Las relaciones de trabajo eran las normales. La antigüedad se solía tener presente a la hora de asignar horas extra de trabajo *(overtime)*,* para los cambios de puesto *(work shifts)*,* y para aumentar las posibilidades de ascenso a capataz *(foreman)*.* Todos los obreros habían sido miembros de un sindicato, salvo dos casos,[26] y casi todos, de la Teamsters Union. Mencionaban simplemente que estaban inscritos. Pagaban su cuota sindical *(dues)** (de 5 a 6 dólares), pero criticaban bastante a ciertos líderes (Hoffa es un "vampiro" [un *blood sucker*], decían algunos). Los trabajadores utilizaban con frecuencia palabras inglesas cuya equiquivalencia en español desconocían y que se referían a determinados empleos, tareas o aspectos de su trabajo. Todo ese vocabulario revelaba un conocimiento concreto[27] de las

* En inglés en las encuestas.

[26] Para quienes trabajaron en empleos industriales.

[27] Piore ha sostenido también, con base en la teoría del conocimiento, que el conocimiento concreto, al contrario del abstracto, es otra característica esencial del mercado de trabajo secundario.

tareas que tenían encomendadas, relacionadas casi siempre con el mercado de trabajo secundario típico. Hacían exactamente lo que el capataz o el jefe les indicaban y como no estaban en condiciones de hacer muchas preguntas, no las hacían. Comprendían un poco intuitivamente de qué se trataba aunque no lo sabían con exactitud.

En todos los casos pagaron el impuesto sobre la renta, que era retenido por el empleador y, de los incluidos en el muestreo que se efectuó, ninguno recibió servicio alguno. Dos cobraron el seguro de desempleo pero ninguno hizo uso de escuelas ni de servicio público de ninguna clase, y eso por dos razones principales: escasa información y, sobre todo, miedo a ser detenido. Contribuyeron por lo tanto, mucho más de lo que consiguieron, circunstancia que señalan también otros estudios,[28] aunque se haya dicho "que los ilegales representan cargas impositivas considerables debido al uso que supuestamente hacen de algunos servicios".

10. *Los migrantes urbanos*

Al estar realizando la encuesta de remesas en los bancos de las ciudades de México, Guadalajara y Aguascalientes, se pudo saber que no era nada infrecuente que personas que vivían allí (empleados bancarios, funcionarios) tuvieran amigos o parientes trabajando en los Estados Unidos sin documentación.[29]

Esa interesante circunstancia quedó confirmada por los

[28] Véase U. S. Department of Labor, 1975, "Illegal Aliens Study, Statistical Highlights", memorándum (8 de noviembre de 1975) de William H. Kolberg al Secretario John H. Dunlop sobre el estudio de D. S. North para Linton & Co. Issued as a Press Release. Véase también North y Houstoun. "The Characteristics. . .", *op. cit.*

[29] Debe señalarse a este respecto que en un estudio breve que se hizo en la UNAM para saber el motivo de que no se hubieran inscrito algunos estudiantes de primer año se especifica que algunos no lo habían hecho por estar trabajando en Estados Unidos al parecer.

datos de las remisiones que se investigaron, y sugirió la existencia de un tipo de migrantes mexicanos diferente de lo cual ya se habló en el capítulo III. Poco después hizo el autor de este trabajo una breve investigación en un suburbio de la ciudad de Nueva York. Los estudios que se refieren a la migración ilegal mexicana, lo mismo que las estadísticas del INS, sólo por excepción suelen dar cuenta de los extranjeros ilegales que llegan desde la ciudad de México a la de Nueva York o a otras zonas urbanas.

En Nueva York se pudo comprobar que los mexicanos urbanos que son migrantes indocumentados se parecían mucho[30] a los ilegales "no mexicanos" más preparados que trabajan en esa ciudad.

Este tipo de extranjeros es menos perceptible. Suelen conseguir sus empleos por medio de agencias de empleos y en su mayor parte trabajan como meseros, cocineros o trabajadores de limpieza y mantenimiento. Parece que tienen mucha demanda y significan para las agencias que los colocan un buen negocio. Los empleadores ponen mucho interés en las características de este tipo de trabajo e incluso tienen muy presentes ciertas reglas que deben observar ellos mismos al contratar ilegales. Por ejemplo, un empleador explicó que debía evitarse la contratación de peruanos y de colombianos, por dar un ejemplo, porque si se despedía a un peruano, hombre o mujer, lo ponían en conocimiento del INS. Nunca sucedía tal cosa cuando todos los ilegales eran del mismo país. Este hecho, de llegar a confirmarse, podría explicar la razón de que muchos ilegales se agrupen por nacionalidades en determinadas zonas o actividades específicas.

Según los empleadores, la gran mayoría de los ilegales de Nueva York no son mexicanos, pero éstos no son poco comunes. Los mexicanos que fueron entrevistados para esta investigación estaban trabajando en un restaurante de los

[30] Una comparación entre los diversos tipos de extranjeros ilegales figura en North y Houstoun. "The Characteristics...", *op. cit.*

suburbios de Nueva York. Se proponían permanecer un año allí y, a diferencia de los ilegales agrícolas, tenían formada una especie de cadena migratoria con primos, hermanos, etc., que migraban unos tras otros. Se volvía alguno un par de años a su país y luego solía regresar otra temporada al mismo empleo. Estas entrevistas, efectuadas en un mercado secundario de trabajo de Nueva York, resultaron muy ilustrativas (8 migrantes y dos empleadores) pero, unidas a otras que se efectuaron en la ciudad de México y a ciertas evidencias que se recibieron durante la investigación de campo hecha para este trabajo, han proporcionado elementos de juicio indirectos que han contribuido a aclarar la situación. De las entrevistas que se hicieron en la ciudad de Nueva York resultó que los entrevistados eran personas bastante preparadas. Tres habían ocupado puestos burocráticos en México, uno era maestro de secundaria, había un vendedor de coches, un mecánico de automóviles y un mesero. Todos eran *visa abusers* —tenían sus documentos vencidos—, característica de los "no mexicanos" ilegales, tenían cierta preparación, pertenecían a la clase media urbana y hablaban inglés (aunque no muy bien), etc. En resumen, se trataba de extranjeros ilegales mexicanos de características iguales a las de los extranjeros del hemisferio occidental. Todos ellos habían llegado para hacer dinero, salvo uno, para quien la causa de la migración había sido el desempleo. Todos ocupaban empleos del mercado secundario de trabajo típico. Habían encontrado su ocupación a través de una agencia de colocaciones (tres casos), directamente (dos) o por recomendación de conocidos (otros dos). Uno había vuelto al mismo empleo que había ocupado en dos ocasiones anteriores. Todos eran, asimismo, migrantes temporales que vivían en el local en que trabajaban y recibían entre 140 y 160 dólares a la semana.

De las entrevistas de Nueva York se deriva otro elemento del fenómeno de los ilegales de todo el mundo que no ha sido estudiado debidamente y plantea varias interrogantes de importancia. Por ejemplo, los ilegales mexicanos son relativamente pocos en Nueva York comparados con los de otras nacionalidades. Eso significa que la importancia relativa de los mexicanos dentro del problema de la totalidad de extranjeros, como ya se dijo, tendría que evaluarse de nueva cuenta.

También pudiera suceder que el INS ignore a los ilegales que le parecen más preparados, menos nocivos y más útiles que los ilegales mexicanos.

La estructura del mercado laboral para los extranjeros ilegales parece que es muy similar a dos niveles distintos. Mientras en ciertas zonas trabajan mexicanos que hablan inglés, están preparados y son *visa abusers* —asombrosamente—, en otras no conocen ni una palabra del idioma, leen y escriben en español con dificultad, pero son capaces de encontrar empleo en Highland Park (suburbio de Chicago), tendiendo camas y limpiando habitaciones en las grandes cadenas de hoteles, en menos de una semana.

Existe, pues, un mercado de trabajo para los ilegales dentro del mercado laboral de los Estados Unidos. El hecho de que haya muchas ocupaciones que sólo a los ilegales les interesan ha sido ampliamente discutido por quienes teorizan sobre la existencia de un mercado laboral dual. Pero, ¿por qué la oferta de trabajo "ilegal" se da por supuesta? ¿Cómo saben los empleadores norteamericanos que cuentan con este tipo de trabajadores? Debe tenerse presente que si su oferta fuera incierta, muchas serían las empresas que no sobrevivirían.

Los ilegales ganan al parecer cantidades superiores al salario mínimo legal. Su movilidad es notabilísima y reaccionan a los diferenciales de salarios, dentro de los Estados Unidos (puesto que al fin y al cabo se encuentran allí para ganar dinero). Tiene que haber algún "mecanismo" condicionado por la historia, que funciona perfectamente.

V. EVIDENCIA ADICIONAL RELACIONADA CON LA EXISTENCIA DE DOS PATRONES MIGRATORIOS PROCEDENTES DE LAS MISMAS ÁREAS RURALES

En los capítulos anteriores se propuso una estructura teórica que se basó fundamentalmente en lo observado durante el estudio de campo. En este capítulo los hallazgos del capítulo IV se pondrán a prueba mediante el uso de evidencia indirecta obtenida de datos censales y de diversos estudios antropológicos y sobre la comunidad que se refieren a comunidades mexicanas.

Las hipótesis a demostrar son esencialmente: *a)* la migración interna permanente y la migración internacional temporal están directamente relacionadas con los patrones de organización de la producción; *b)* la migración interna que procede de las áreas rurales se debe, básicamente, a un "factor de empuje" y se presenta cuando la organización de la producción, que en la mayor parte de los casos ha sido predeterminada institucionalmente, da lugar a una saturación de los predios y a que los que viven en ellos reciban solamente el salario de subsistencia, y *c)* la migración internacional se produce cuando el producto promedio en una granja está por debajo del salario que se puede recibir en los Estados Unidos pero por encima del salario urbano.

1. *Investigaciones antropológicas y estudios sobre la comunidad*

Muchos son los estudios que se han escrito sobre comunidades de México aunque casi ninguno se ha interesado específicamente en el aspecto de la migración. Es un fenómeno que sólo se menciona incidentalmente en casi todos ellos.

Cuando se agrupan todos esos estudios y se analizan las referencias que contienen sobre la migración, emerge una imagen que viene a confirmar la hipótesis planteada en el capítulo anterior: la migración ha sido estudiada siempre como un proceso de una sola dirección y los datos censales no confirman la hipótesis de que exista una corriente migratoria temporal de importancia hacia las zonas urbanas.

Sin embargo, una corriente migratoria temporal y de importancia considerable se dirige a los Estados Unidos, y coexiste con otra que se dirige hacia las ciudades del país y es permanente. La importancia relativa de la migración permanente interna parece ser mucho mayor, en términos generales.

El hecho de que coexistan esos dos tipos de migración tan distintos debe atribuirse, como ya se dijo, a los patrones predominantes de organización de la producción. El factor más importante para determinar la migración interna permanente estriba en la insuficiencia de tierra o de otros medios de sostenimiento en las áreas rurales. Si se dispone de suficiente tierra o de otros medios de vida rural, entonces el flujo migratorio será sólo temporal y se dirigirá a los Estados Unidos.

La migración indocumentada mexicana a los Estados Unidos parece que ha procedido sobre todo de las zonas rurales. El *bracero* es una categoría ocupacional definida dentro de la estructura laboral de los pueblos mexicanos, hecho que se comprueba ampliamente en casi todos los estudios antropológicos y sobre la comunidad que se han escrito.[1]

Todos esos trabajos mencionan, sin analizar detalladamente el fenómeno, una clase especial de trabajadores integrados a la estructura económica del lugar: la de los braceros, o migrantes de retorno que han migrado más de una vez a los Estados Unidos.

[1] González (1972); Fromm y Maccoby (1970); Foster (1972); Kamper (1976); Lewis (1966) e Iszaevich (1973).

La migración, repetimos, casi siempre ha sido estudiada como un proceso de una sola dirección. Se han efectuado muy pocos análisis sobre las experiencias económicas de los migrantes de retorno. En gran parte de la literatura sobre migración, se supone que esos migrantes regresaron sobre todo al no haber visto completamente satisfechas sus aspiraciones económicas. Parecería, por lo tanto, que se trataría en cierto modo de inmigrantes fracasados.

El índice al que se recurre con mayor frecuencia para el cálculo de la migración no permanente ha sido la relación existente entre hombres y mujeres de la localidad. Cuando el número de hombres es mayor que el de mujeres en las zonas urbanas, la explicación habitual es que los hombres dejan a sus familias en el campo y regresan periódicamente. Los datos disponibles para México, sin embargo, no indican que la migración temporal a las ciudades sea una práctica común.[2]

Los datos censales de 1960 muestran que en la ciudad de México había 92 hombres por cada 100 mujeres, y los de 1970, que eran 97 de cada ciento. En la ciudad de Guadalajara, por cada 100 mujeres había 92 hombres en 1960 y 93 en 1970. En Monterrey, tanto en 1960 como en 1970, 98 hombres por cada 100 mujeres. Las cifras podrían reflejar, en alguna medida, el flujo temporal de servicio doméstico femenino en las ciudades señaladas.

El único estudio que se ha hecho en México donde se ha tomado en cuenta la migración de retorno fue el elaborado por Harley Browning y Waltraut Feindt en 1971.[3] Estos autores obtuvieron una muestra de 1640 hombres entre las edades de 21 y 60 años que vivían en Monterrey. De ellos,

[2] La excepción puede que sean los trabajadores de la construcción, como señala Dimitri Germidis en *El trabajo y las relaciones laborales en la industria mexicana de la construcción*. El Colegio de México, 1974.

[3] Harley L. Browning y Waltraut Feindt, "The Social and Economic Context of Migration to Monterrey, Mexico", en Francine F. Rabinovitz y Felicity M. Trueblod (edit.), *Latin American Urban Research*, vol. I, Sage Publications, California, 1971.

904 eran migrantes y sus dos terceras partes consideraban que su movimiento migratorio sería permanente, el 16% tenían el propósito de regresar a sus pueblos, y el resto estaba indeciso. También comprobaron esos autores que el 18% de los que eran originarios de Monterrey, y habían regresado allí, habían vuelto de los Estados Unidos. Más de la mitad de estos últimos se habían dedicado a ocupaciones relacionadas con la agricultura y habían adquirido conocimientos que les fueron útiles al regresar a Monterrey.

Los mismos autores realizaron un estudio en Cedral —pueblo económicamente deprimido del estado de Nuevo León con 4 221 habitantes.[4] El 30% de la población había vuelto al pueblo después de pasar una temporada fuera. Menos de la mitad de ellos había ido a la ciudad Monterrey y los otros habían dejado el lugar por haberse contratado para trabajar de braceros en los Estados Unidos. El 11% de los que habían conseguido empleo al otro lado de la frontera no se habían dedicado a la agricultura.

Esta encuesta contiene resultados muy interesantes, como se aprecia en el cuadro 14. Si bien Browning y Feindt no analizaron específicamente el fenómeno, del cuadro se desprende claramente que quienes volvieron de los Estados Unidos no lo hicieron porque sus contratos se hubieran concluido; se volvieron porque fueron deportados o por su gusto. *Ninguno* se volvió por falta de empleo ni se quejó de no haber ganado lo suficiente.

En otro estudio que hicieron sobre una pequeña comunidad de 417 habitantes, Fromm y Maccoby se refieren a la importancia de los braceros —o migrantes de retorno— en la estructura ocupacional de aquella población:

> ...Ese grupo incluye 31 hombres (15% de la totalidad del pueblo). Habían trabajado principalmente en California y en Ari-

[4] Harley L. Browning y Waltraut Feindt, "Selectivity of Migrants to a Metropolis in a Developing Country: A Mexican Case Study", en *Demography* 6:4 (1969), pp. 347-357.

zona y en faenas difíciles de granja, ganando salarios más bajos que los de los trabajadores americanos (entre 70 centavos y un dólar *por hora*)... pero fabulosos en relación a los de su pueblo donde, en el momento de hacerse el estudio, un jornalero (trabajador pagado por jornada de ocho horas) sólo por excepción recibía más de un dólar *al día*. Hasta los pequeños propietarios habrían ganado y ahorrado más trabajando tres meses en los Estados Unidos que cultivando un año su propia tierra. La escasez de la tierra, unida a los salarios relativamente altos que se pagaban en los Estados Unidos, habían inducido a un

CUADRO 14. *Razones por las que regresaron a Cedral, Nuevo León, los migrantes*

Motivo	*Regreso de los migrantes de Monterrey*	*Regreso de la migración de otros lugares (EU)*
Terminación de contrato, falta de documentación.	20	47
Empleo abierto en Cedral	6	10
Problema familiar	33	10
Incomodidad	8	10
No pudo encontrar empleo, ganaba muy poco	8	0
Otras	25	23
Total:	100	100
	(49)	(49)

FUENTE: H. L. Browning y W. Feindt, "Migración de retorno, su significado en una metrópoli industrial y una localidad agrícola de México", documento presentado a la Conferencia Regional Latinoamericana de Población, México, D. F., agosto 17-22, 1970, p. 7.

20% de los hombres a migrar en una u otra época. De ellos, el 15%, braceros de oficio, migraban con regularidad. Otros (el 17%) habían salido a trabajar como asalariados en otros lugares del país alguna vez. El 67% restante de los hombres sólo había trabajado en el pueblo o en sus cercanías[5] (véase el cuadro 15).

CUADRO 15. *Ocupaciones de los migrantes*

Ocupación	*Número de hombres (N=209)*	*Número de mujeres (N=208)*	*Total ambos sexos (N=417)*
Agricultura	172	17	189
Trabajo especializado	9	0	9
Trabajo no especializado	16	0	16
No agrícola	0	0	0
Refinación de azúcar	8	2	10
Bracero (trabajador migratorio)	31	0	31
Comercio, vendedor, especulación	10	16	26
Tiendas o cantinas	10	11	21
Maestro	2	3	5
Estudiante	9	8	17
Trabajo de casa	3	159	162
Servicio doméstico	0	24	24
Modista	0	10	10
Nana, partera	0	3	3
Sin trabajo	3	8	11
	273*	261*	534*

FUENTE: E. Fromm y M. Maccoby, *Social Character in a Mexican Village,* Prentice Hall, 1970, p. 50.

* Cada persona puede clasificarse en más de una ocupación.

[5] E. Fromm y M. Maccoby, *Social Character in a Mexican Village.*

Luis González[6] señala que la emigración de San José de Gracia, pueblo del estado de Michoacán, había tenido un impacto económico variable. La producción agrícola del lugar no se había visto afectada en nada por la migración, lo cual es señal de subempleo o de mano de obra sobrante.

> Los que se quedaban anualmente eran más que suficientes para atender milpas y ganados. Los emigrantes en cambio ganaban buenos dólares que algunos esparcieron en las cantinas, las tiendas y los prostíbulos de allá, y otros, la gran mayoría, acarrearon a su pueblo o a su rancho. Allí comían con un dólar y podían ahorrarse nueve, por término medio... En una primera temporada de tres meses conseguían un ahorro considerable que se destinó, según los casos, a comprar vacas o puercos, a dar el primer abono para una parcela, a comprar la casa, a iniciar el pago de...[7]

Se señala en el estudio que quienes se habían quedado acompañados de sus familias en los Estados Unidos —Los Ángeles, por lo general— no vivían tan bien como los que habían vuelto a invertir su dinero en el pueblo.

Otros dos estudios,[8] uno sobre una comunidad del estado de Oaxaca y otro sobre el estado de Michoacán, dan cuenta asimismo de migraciones numerosas a los Estados Unidos en las que algunas veces llegaron a tomar parte hasta el 50% de los hombres, aparte de los que habían ido a la ciudad de México. El bracerismo había significado para casi todos aquellos pueblos un incremento perceptible de su bienestar económico, a pesar de que hubiera habido algunos que ni siquiera sacaron para cubrir sus gastos. El balance final, sin embargo, en opinión de los autores referidos, había sido positivo. Parece ser, según esos estudios, que cuando concluyó el programa de los braceros se redujo el número de

[6] Luis González, *Pueblo en vilo*, *op. cit.*

[7] *Ibid.*, p. 225.

[8] Abraham Iszaevich, *Modernización en una comunidad del Valle de Oaxaca*, pp. 147-149.

los migrantes a los Estados Unidos, aunque no se llega en ellos a ninguna conclusión explícita. Ese flujo migratorio se ha mantenido aunque haya recibido menos publicidad, incluso en México, seguramente porque sus nuevas características exigen mayor discreción.

Resulta claro de todos los trabajos mencionados que a los migrantes se les presentan dos alternativas: la migración temporal, sobre todo a los Estados Unidos, y la migración permanente a alguna ciudad de México.

Los migrantes temporales viajan solos y son hombres, en su mayoría, que pertenecen al grupo de edad de entre 18 y 35 años. Algunos migran todos los años durante la época de la cosecha y otros lo hacen por periodos más largos y trabajan en empleos industriales o urbanos. En todos los casos ponen fin a la migración cuando han ahorrado lo bastante para establecerse en algún negocio al volver a sus comunidades.

Aquí surgen algunas preguntas en cierta manera obvias, y que se contestarán más adelante: ¿es realmente necesario migrar para poder poner un negocio pequeño?, ¿qué impide el acceso al mercado de capitales local?, ¿por qué se dirige la mayor parte de la migración temporal a los Estados Unidos?, ¿cuál es la razón de que no se convierta en definitiva teniendo en cuenta que los diferenciales de salarios y la demanda de mano de obra para este tipo de trabajadores parecen ser siempre mayores en los Estados Unidos? De ser este el caso, y como lo postulan las teorías recientes sobre la migración, ¿por qué no se va todo el mundo a los Estados Unidos?

Los datos censales acusan la coexistencia de dos tipos de migración dentro de las mismas regiones. En todas las regiones de las que se ha comprobado que hay un flujo importante de migración temporal a los Estados Unidos se ha observado que sale también una migración importante hacia ciudades del interior de México.

Parece que, efectivamente, las diferencias regionales en

las instituciones de la tenencia de la tierra son el factor fundamental en cuanto a la propensión a la migración temporal o definitiva. Hay zonas donde no se cuenta con posibilidad material alguna de adquirir tierras por razones institucionales —el ejido—[9] o por otras causas. También, como ya se ha dicho, es considerable la proporción de parcelas ejidales que son de subsistencia. Las decisiones de migrar de zonas como esas tendrán que ser, por fuerza, permanentes. Los campesinos que no tienen tierra ni futuro de ninguna especie en los pueblos donde viven no tendrán más remedio que marcharse de ellos en compañía de sus familias a alguna ciudad, para iniciar una nueva vida. Estas personas que ocupan los estratos más bajos de la economía no migran a los Estados Unidos.

Las razones a que se debe la migración permanente también se señalan en el estudio de Iszaevich. Considera este autor que el factor principal para tomar la decisión es la falta de tierras. Cuando una familia crece llega un momento en el que algunos de sus miembros ya no tienen prácticamente nada que hacer. En los ejidos, el hijo mayor hereda la parcela; en la pequeña propiedad le corresponde al menor. En ambos casos, los demás tienen que marcharse. Por eso, señala Iszaevich, se le concede tanta importancia a la instrucción, que resulta muy útil para encontrar buenos empleos en la ciudad de México. Agrega que incluso cuando se les ofreció a algunos campesinos más y mejor tierra en zonas subpobladas del sur del país, se negaron a aceptarla porque no había escuelas. La inversión en capital humano les parecía más productiva y más necesaria a largo plazo.

En las zonas donde la tierra puede adquirirse y existe la oportunidad de ganarse la vida de otra manera (para quienes pertenecen a un estrato económico por encima del más

[9] La parcela ejidal no se considera propiedad privada. Forma parte administrativamente de una comunidad campesina. No se puede vender, arrendar ni hipotecar puesto que se trata de una propiedad de la nación cedida a una comunidad de ejidatarios.

bajo), la decisión de migrar será a menudo de carácter temporal, y casi siempre a los Estados Unidos como trabajadores ilegales. En el estudio de Lewis se confirma ese parecer:

> La mayoría de los braceros de Tepoztlán... corresponden sobre todo a segmentos que están por encima del grupo económico más bajo... pero también del grupo mediano... muy pocos pertenecen a las familias más pobres y menos aún a las más acomodadas.[10]

Los migrantes temporales pasan a los Estados Unidos todas las veces que lo necesitan para cambiar su situación de miembro de una familia con tierras al de comerciante, pequeño industrial o pequeño propietario. Son migrantes que se proponen alcanzar una meta. En cuanto llegan a cierto nivel de acumulación de capital, cierta preparación, determinado salario o respetabilidad, les resulta poco atractivo trabajar en el extranjero. Si este no fuera el caso, un pueblo de "migrantes temporales profesionales" eventualmente desaparecería al erosionarse su estructura económica y social.

Convertirse en sujeto de crédito de alguna institución bancaria es por lo visto la medida del éxito para los migrantes. En cuanto tienen acceso al mismo y a una actividad productiva ya no necesitan seguir migrando.

2. *Resultados econométricos*

En esta sección se prueban empíricamente las hipótesis expuestas en las secciones anteriores. La preocupación principal de este análisis cuantitativo será evaluar los efectos del sistema de tenencia de la tierra como una fuerza causal en la incidencia tanto de la migración internacional como de la interna.

[10] O. Lewis, *Tepoztlán, op. cit.*

3. *Migración interna*

La investigación demográfica parece haber llegado a la conclusión de que la migración depende básicamente de las oportunidades económicas. Sin embargo, en muchos casos lo que ha sido observado constituye la segunda etapa de un fenómeno migratorio. La migración de trabajadores *no calificados* de las zonas rurales al mercado de trabajo urbano parece ser un proceso doloroso, en el cual los migrantes cambian de una situación cercana a la de subsistencia a otra que mucho se parece, sobre todo al principio, a la que acaban de dejar. Los estratos más bajos del mercado de trabajo urbano no ofrecen una oportunidad evidente de mejorar los estándares de vida en relación al de las zonas rurales pero son, en muchos casos, la única oportunidad disponible. En primer lugar, por lo tanto, los migrantes son literalmente expulsados de sus regiones; más adelante, puesto que los migrantes son seres racionales, como una segunda etapa se escogen los lugares de destino mejores en relación a salarios, etc.

El modelo que se ofrece a continuación es una estimación de los flujos migratorios ocurridos en México, entre 1960 y 1970:

$$\frac{M_{ij}}{P_i} = f\,(\mathrm{IPOP}_i,\ \mathrm{ILAND}_i,\ Y_{j\text{-}i}\ \mathrm{CRED}_i,\ \mathrm{Ed}_i,\ \mathrm{Ed}_i,\ \mathrm{Dist},\ U_i,\ U_j)$$

M_{ij}/P_i *Variable migracional* es la tasa de migración que sale y entra a lo largo de diez años. Esta variable mide el número de personas que viven en un estado en 1970 pero que se trasladaron de otro estado a él desde 1960, es decir, la frecuencia de migración del estado i al estado j en el periodo 1960-1969. Tomando todo lo demás como constante, se supone que M_{ij} es proporcional al P_i, población del estado i (1960), medida de los migrantes potenciales.[11]

[11] Véase Beals, Levy y Moses (1967); Gallaway, Gilbert y Smith (1967).

$IPOP_i$ *Población potencial con ingresos de subsistencia*[12] es la relación entre la población que vive en parcelas de menos de 5 hectáreas y en ejidos (familias), y la población rural total. Se sugirió en el capítulo anterior que cuantas más personas vivan a nivel de subsistencia, más migración interna se producirá. Esta variable mide el tamaño potencial de la población que vive al nivel de subsistencia.[13] Desafortunadamente no existen datos detallados referentes a la producción agrícola.

$ILAND_i$ *Presión de la población sobre la tierra arable disponible* es la relación entre las personas que viven en los ejidos y en las parcelas de menos de 5 hectáreas, y la totalidad de la tierra disponible. Es una variable aproximada para medir la proporción de la gente que vive en predios de subsistencia. Se presume que cuanto mayor sea la presión sobre la tierra disponible, la migración interna aumentará. Debe señalarse, sin embargo, que si los ejidos y las parcelas de las pequeñas propiedades de menos de 5 hectáreas estuvieran sobrepoblados *en todas partes,* como se asegura en algunos estudios,[14] el efecto de esta variable sería nulo.

Y_{j-i} *Diferencial de ingresos interestatal.* Existe unanimidad en todos los estudios que se han hecho sobre migración en cuanto al efecto que tiene el ingreso para determinar el lugar al que se dirigen los migrantes.[15] Se presume aquí que el diferencial de ingreso entre dos regiones (1960)[16]

[12] Todos los datos de esta sección corresponden a los censos de 1960 y 1970 mientras no se indique otra cosa.

[13] Se seleccionaron las variables que incluían jornaleros sin tierras pero arrojan esencialmente los mismos resultados.

[14] S. Eckstein, "Migration and Occupational Mobility", *Migration and Development Study Group,* MIT, julio de 1976.

[15] Véase, por ejemplo, Gilbert y Smith (1967), Sahota (1968), Greenwood (1969), Vanderkamp (1971), Levy y Wadchi (1974), Beals, Levy y Moses (1976) Greenwood y Landman (1977), Greenwood (1978).

[16] México, Dirección General de Estadística, "Ingresos por trabajo de la población económicamente activa", VIII Censo de Población.

(medido como el ingreso mediano), tendrá un efecto positivo y significativo. Aun cuando la migración tenga que producirse a causa de las condiciones prevalecientes en el lugar de origen, el paso siguiente tendrá que ser la selección del lugar de destino mejor. Si la migración se relaciona ante todo con diferenciales de salarios *(demand pull)*, ésta será la primera variable a considerar por los migrantes potenciales.

CRED_i *Posibilidades de acceso al crédito.* Se supone que la disponibilidad de crédito en el lugar de origen está correlacionada negativamente con la migración rural. Cuanto más crédito haya disponible, más podrá incrementarse la productividad del trabajo agrícola y la posibilidad de ganarse la vida en las zonas rurales[17] será mayor.

Ed_i, Ed_j *Niveles de educación.* Quienes han recibido cierta instrucción muestran mayor inclinación a migrar. Como se señaló en las dos primeras secciones de este capítulo, la instrucción escolar era muy importante para los que se proponían migrar a un centro urbano. Como la instrucción escolar es un servicio público, tenderá a atraer a los migrantes. Pueden presentarse problemas de simultaneidad ya que cuando una región se caracteriza por altos niveles promedio de instrucción atraerá migrantes al mismo tiempo que una oferta amplia de trabajadores instruidos podría hacer a esa región menos atractiva para quienes, con cierto nivel de conocimientos, se propongan migrar a ella. En este caso es de esperar que la instrucción en *i* incremente el atractivo de migración mientras la instrucción en *j* atraerá migrantes.[18]

[17] Datos crediticios de la *Guía de Mercados de México*, la. edición, 1960.

[18] Bowles (1970) y Levy y Wadycki (1974) consideran que la instrucción influía en la respuesta a factores económicos. Aquí el número de maestros por habitante se aplicó con el carácter de aproximación para la variable de instrucción por no ser muy precisos los índices de analfabetismo.

Dist. *Distancia de un estado a otro.* Se tomó en cuenta la distancia entre las ciudades capitales de los estados. Siempre se ha considerado que la distancia está en relación negativa con la migración debido a factores de costo de traslado, sociales y culturales.[19] La misma relación es esperada aquí.[20] Para tener la seguridad de que la migración interna, como la internacional que se estudia aquí, procedía de zonas rurales, sólo se tomaron en cuenta para el análisis estados en los que la mayoría de la población (el 55% por lo menos en 1970) vivía en zonas rurales. Se consideró rural a la población que vivía en ciudades de menos de diez mil habitantes.

Por haberse tomado en cuenta únicamente los estados donde los sectores rural y agrícola eran en cierto modo equivalentes, se pudo establecer con mayor rigor la influencia del sistema de tenencia de la tierra sobre la propensión a migrar.[21]

Se tomaron los mismos estados tanto para la migración interna como para la internacional (22). Esto se hizo para que el análisis fuera comparable y para asegurarse de que las dos corrientes migratorias, interna e internacional, que trataban de explicarse, partían de las zonas rurales.[22]

El modelo o hipótesis básica que se pretende demostrar aquí es que la corriente migratoria se produce en función de las variables relacionadas con el modelo simple del capítulo anterior.

Las variables que no resultaron significativas se elimina-

[19] Larry Sjaastad, "The Costs and Returns of Human Immigration", en *Journal of Political Economy*, 1962.

[20] Debe señalarse también que se ensayaron dos mediciones de la potencialidad urbana aunque no se tomaron en cuenta porque no resultaron significativas ni tuvieron verdadero efecto sobre las ecuaciones anotadas. Las dos mediciones fueron las tasas de desempleo en los lugares de origen y de destino.

[21] El paquete estadístico sobre Ciencias Sociales (SPSS) se utilizó para correr las regresiones migracionales internas porque el STP (que se aplicó a las regresiones migracionales internacionales) sólo permitió manejar 2 000 datos. La migración del estado i al estado j implicó 462 observaciones por variable.

[22] Los datos que se utilizaron aparecen en detalle en el anexo 2.

ron pero cambiaron los coeficientes de otras sugiriendo que su falta de significación se podía atribuir a colinealidades:

$$M_{ij}/P_i = 0.006 + 0.0186\,IPOP_i{}^{1} + 0.00002\,Y_{j-1}{}^{5} + 0.2284\,Ed_i{}^{1} + 0.5576\,Ed_i{}^{1}$$
$$(5.25) \qquad (2.00) \qquad (2.73) \qquad (7.19)$$

donde:

$R^2 = 0.15$

$f\,(457,7) = 21.93^{1}$

t = estadísticas entre paréntesis

1 = significativamente diferente de cero al nivel de credibilidad de 99%

5 = diferencia significativamente diferente de cero al nivel de credibilidad de 95%.

Como suele suceder, cuando se trabaja con una muestra grande de corte seccional, la R^2 tendió a ser baja.

El índice $IPOP_i$, junto con la diferencial Y_{j-1} de ingreso, y las variables de educación, fueron altamente significativos para explicar la migración interna.

$IPOP_i$, la población potencial con ingreso de subsistencia (relación entre la población que vivía en ejidos y predios rurales menores de 5 hectáreas y la población rural), mostró una relación positiva y altamente significativa con la migración rural interna.

En el modelo se propuso la hipótesis de que la razón de la migración interna debía ser que las parcelas ejidales y las de menos de 5 hectáreas estaban por regla general sobrepobladas y que, por consiguiente, en los lugares donde dicha relación era más alta, sería más alta también la corriente migratoria que sale de ellos. Por lo tanto la hipótesis no se rechaza.

Y_{j-1} resultó también positiva y significativa relacionada con la corriente migratoria de salida, y confirma la actitud racional de los migrantes. Las variables del desempleo, que fueron investigadas pero no resultaron significativamente distintas a cero, por lo general suelen ser importantes unidas a las variables diferenciales de ingreso para explicar la corriente migratoria. El hecho de que en este caso dicha variable no fuera significativa se podría relacionar con las razones antes mencionadas como, por ejemplo, que el desempleo sea imposible dentro del estrato más bajo del mercado de trabajo urbano puesto que en el mismo la regla es un espectro continuo de subempleo mas no de desempleo y esta variable, el grado de subempleo, no puede medirse por los datos del censo.

Los coeficientes de las variables que se usaron para medir la educación Ed_i y Ed_j, resultaron en los dos casos altamente significativos y positivos en cuanto a las corrientes migratorias. Aquí, sin embargo, la interpretación resulta difícil porque, por una parte, la instrucción pública sería un atractivo para los migrantes, y por otra, al mismo tiempo, los migrantes, al estar mejor instruidos, tenderían a migrar.

4. *Migración internacional*

El modelo ideal en este caso, o la hipótesis básica que se desprende de la investigación resulta ser:

$$\mathrm{TM/P} = a + b_1 \mathrm{D} + b_2 \mathrm{HLAND} + 5 + B_3 \mathrm{IPOP} + 5 - \mathrm{HLANDi70} + b_4 \mathrm{CRED} + b_5 \mathrm{W} + b_6 \mathrm{Ed}$$

donde:

- *a*) TM/P = Migración temporal por habitante
- *b*) D = Variable dummy para los estados de Guanajuato, Zacatecas y Campeche
- *c*) HLAND + 5 = Relación entre la población de las parcelas de más de cinco hectáreas y la tierra arable disponible para este tipo de parcelas
- *d*) IPOP + 5 = Presión poblacional en la tierra disponible
- *e*) CRED = Crédito
- *f*) W = Salario rural
- *g*) Ed = Educación
- *h*) HLANDi_{70} = Relación entre la población de los ejidos y de las parcelas de menos de cinco hectáreas y la tierra cultivable que hay en esas parcelas

a) TM/P. *Migración temporal*

Como no se pueden obtener datos sobre la migración temporal (ilegal) a los Estados Unidos, los obtenidos en esta investigación en relación a las remisiones enviadas a México se utilizaron como una variable aproximada para las razones siguientes:

Se supuso que esas remisiones tenían una relación funcional con los migrantes para el año considerado (1975):

$$R = (k)(TM)$$

Es decir, se supuso que las remisiones (R) eran proporcionales a los migrantes temporales (TM), con una constante de proporcionalidad (k).

Por lo tanto, si:

$$TM_i = f\,(D,\ ILAND + 5,\ IPOP + 5,\ ILAND_{i70},\ CRED,\ W,\ Ed)$$

resultaría que:

$$R/P = k\,f\,(D,\ ILAND + 5,\ IPOP + 5,\ ILAND_{i70},\ CRED,\ W,\ Ed).$$

Para asegurarnos de que el fenómeno migratorio de carácter temporal que se va a explicar se origina en las áreas rurales, sólo los estados donde la mayor parte de la población (el 55% por lo menos) vivía en las zonas rurales (22 estados), se tomaron en cuenta para el análisis. La población que vivía en pueblos de menos de 10 000 habitantes fue considerada rural.

Incluir sólo los estados en los que los sectores rural y agrícola podían ser equiparados en gran medida permitió obtener una prueba mucho más rigurosa de la influencia de las instituciones de la tenencia de la tierra en el comportamiento migratorio. La información sobre la población fue tomada del censo de 1970.

b) D. *Variable dummy*

Se utiliza una variable *dummy* (binaria) para los estados de Zacatecas, Guanajuato y Campeche. Los dos primeros tienen una relación de remesas *per capita* extremadamente elevada debida a una migración temporal tradicional a los Estados Unidos, y, por lo tanto, la migración depende considerablemente en la actualidad de las épocas pasadas, lo mismo que los canales de información que se han perfeccionado con el correr del tiempo. Por estas razones hubo necesidad de recurrir a una variable *dummy*. El estado de Campeche también acusó una relación elevada de remesas *per capita*. En éste, sin embargo, algunos cheques atípicos (de montos extremadamente elevados) aparecieron en la muestra. No se les pudo encontrar ninguna explicación.

c) ILAND + 5. *Presión poblacional en la tierra disponible*

En este caso se supone que, como se comprobó durante la etapa de la investigación de campo, quienes se encuentran en los estratos de ingreso más elevados no emigran. Entre las personas que viven en parcelas de más de 5 hectáreas están algunas de ellas. Se supone que, a medida que los predios privados se empiezan a saturar, la necesidad de que salgan algunos de sus miembros temporalmente para suplementar los ingresos familiares irá acentuándose.

Esta variable es la más importante para evaluar el modelo propuesto en el capítulo anterior. Se supone que la migración temporal tendrá una relación positiva y significativa con respecto a la misma. Su numerador se tomó del Censo Agrícola Ganadero y Ejidal de 1970, y, su denominador, del Censo de Población del mismo año.

d) IPOP + 5. *La relación de población que vive en parcelas de más de 5 hectáreas con respecto a la población rural total*

Podría esperarse que cuantas más personas vivan en parcelas de más de 5 hectáreas en relación a la población rural total, mayor migración internacional debería resultar. Las fuentes son las mismas del punto anterior.

e) CRED. *Crédito*

Durante la investigación se encontró que la migración internacional se relacionaba, al parecer, con el crédito de que se disponía. Las remesas, al ser utilizadas como enganche, abrían líneas de crédito en los bancos comerciales o en las tiendas donde se adquirían maquinaria ligera e implementos agrícolas.

Se probaron variables de crédito agrícola y de crédito comercial *per capita*. La fuente es Banco de México, 1975.

f) W. *Salario rural*

Como medida del salario rural se tomó el salario promedio mínimo legal para las áreas rurales, por estado. Debe advertirse nuevamente que este salario se utilizó para conocer el efecto del ingreso en el origen de la migración, razón por la cual podría obtenerse un signo negativo. Sin embargo, sólo en contadas ocasiones se paga el salario mínimo oficial en el campo. No se espera, por lo tanto, que esta variable tenga mucho poder explicativo.

No se dispone, por desgracia, de ninguna otra variable que tenga relación con el ingreso.

g) Ed. Educación

Se asumió que la educación tiene un efecto positivo sobre la migración internacional que se origina en las zonas rurales. Se necesita un mínimo de instrucción para poder enterarse de las posibilidades de obtener empleo y de los detalles del proceso migratorio. El porcentaje de analfabetismo y el número de maestros de primaria por habitante se utilizaron como aproximaciones con respecto a la instrucción.

h) $ILAND_{i170}$

Presión de la población (o número de personas) viviendo en los ejidos y las pequeñas propiedades privadas de menos de 5 hectáreas de tierra cultivable en la tierra arable disponible (de las mismas características).

El resultado de la ecuación fue:

$$TM/P_i = \underset{(3.71)}{0.8335^1} + \underset{(9.75)}{3.229\,D^1} + \underset{(2.49)}{0.0190\ ILAND + 5} - \underset{(2.25)}{0.2952\ ILAND_{i70}}$$

donde:

$R^2 = 0.86$

f (18.4) = 39.30[1]

1 = diferencia significativà de cero, al nivel de confiabilidad de 99%

5 = diferencia significativa de cero, al nivel de confiabilidad de 95%.

Las variables que resultaron de mayor relevancia para explicar el fenómeno de la migración internacional fueron, en efecto, las relacionadas con los tipos de producción que predominaban en la región, como se plantea en la hipótesis del capítulo anterior.

ILAND + 5. Al parecer, como se supuso, la migración a los Estados Unidos empieza a contemplarse cuando la presión de la población sobre la tierra susceptible de obtenerse (parcelas de más de cinco hectáreas) es tal que el número de personas que se mantienen de ella rebasa el punto en el que el producto promedio es mayor que el producto marginal. Entonces se acentúa la necesidad de migrar a los Estados Unidos.

ILAND_{i70} es la variable que presentó el resultado contrario: en las regiones en que el censo de población de 1970 revela una mayor sobrepoblación en los ejidos se observa una relación negativa significativa en lo que respecta a la migración internacional. Esta variable resultó importante sobre todo para apoyar la generalización que se relacionó con los ejidos y la comparación de los mismos con las parcelas de subsistencia. Cuanto más superpoblados estuvieron los ejidos, menos migración salió hacia los Estados Unidos.

Dt, la variable *dummy* se aplicó para tomar en cuenta los aspectos históricos de la migración y sirvió para aclarar el fenómeno en su totalidad; resultó significativamente diferente a cero y positivamente relacionada con dicha corriente migratoria.

Aparentemente, por lo tanto, las variables relacionadas con los patrones de tenencia de la tierra, y las relacionadas con experiencias pasadas, fueron las que tuvieron mayor poder explicativo para la migración internacional.

5. *Recapitulación*

En resumen, la migración interna (1960-1970) estuvo positiva y significativamente correlacionada con el número de personas que vivían a un nivel de subsistencia con respecto a la población rural total. A medida que crecía el número relativo de los que vivían en esa situación, se observaba que aumentaba relativamente la migración interna. Las variables sobre las diferencias de ingreso y de educación también tuvieron un efecto positivo relacionado con las corrientes migratorias. Estas relaciones confirman la hipótesis de que existe en primer lugar un importante factor de presión que obliga a emigrar internamente y, por tratarse de seres racionales, lógicamente se dirigen hacia donde mejores perspectivas económicas se les presenten.

La migración temporal internacional también estuvo relacionada, como se supuso, con la organización de la producción: a mayor presión de la población sobre las parcelas de más de cinco hectáreas, más migración se dirigió a los Estados Unidos. Concuerda esta circunstancia con la hipótesis de que esa migración hacia los Estados Unidos se produce cuando el salario (producto medio) por habitante es menor que el de los Estados Unidos, pero mayor que el de los centros urbanos. Cuando la presión de la población sobre esas parcelas es pequeña, se trabajan en forma "capitalista" y no se presenta la necesidad de migrar. Sin embargo, si la presión empieza a hacer provechoso para la familia que algunos de sus miembros salgan a trabajar fuera de México, esa corriente crecerá.

También es importante señalar que, para estar seguros de que la distinción entre las parcelas de más de cinco hectáreas y los ejidos se había hecho apropiadamente, se comparó la presión relativa de la población de los ejidos con la tierra arable disponible. Si los arreglos institucionales y de producción no hubieran sido importantes, habría tenido que esperarse la misma relación de conducta para ambas variables. Sin embargo, los resultados revelan que mientras la presión de la población sobre las parcelas de más de cinco hectáreas estaba positivamente relacionada con la migración a los Estados Unidos, la presión de la población sobre los ejidos se relacionaba negativamente con ese tipo de migración. El hecho demuestra que por debajo de cierto nivel de subsistencia (tal vez cuando resulta imposible ahorrar), la migración a los Estados Unidos se va haciendo cada vez más difícil.

VI. CONCLUSIONES

EN RELACIÓN con la migración indocumentada en general, y en especial a la migración indocumentada mexicana a los Estados Unidos, se cuenta con muy poca información confiable y existe un desacuerdo considerable en lo que respecta a sus aspectos cuantitativos, su importancia y, en términos generales, al proceso mismo de ese fenómeno migratorio.

Como se trata de una corriente clandestina, debe ponerse el mayor cuidado en la recolección y en la interpretación de la evidencia disponible. El mal uso y/o la falta de cuidado en el uso de los datos existentes ha dado lugar a una interpretación errónea del fenómeno.

La evidencia empírica que se ha podido establecer en este trabajo ha procedido de varias fuentes:

a) Investigación de campo que consistió en entrevistas detalladas con migrantes internacionales mexicanos en sus lugares de origen.

b) Estudios antropológicos y de la comunidad referentes a pueblos mexicanos que, sin haberse enfocado en ningún caso directamente al problema de que aquí se trata ni haberlo analizado concretamente, aluden siempre incidentalmente al mismo y a las características de la migración internacional.

c) Datos sobre remesas de fondos, recogidos debido a lo encontrado en *a)* y *b)* y con el objeto de conocer la importancia económica y la distribución geográfica, tanto de procedencia como de destino, de los trabajadores indocumentados, tanto en México como en los Estados Unidos.

d) Datos censales consultados para verificar, a nivel agregado, las hipótesis que se plantean en el estudio. Los datos del censo aportaron un elemento de juicio suplementario que hizo posible redondear el análisis.

Del efecto acumulativo de diferentes evidencias parciales se ha podido llegar a la conclusión de que ciertos aspectos clave del fenómeno analizado y de los que se hace enseguida una breve recapitulación, quedan firmemente establecidos:

1. Coexisten patrones diferentes de migración —en aparente paradoja— dentro de los mismos pueblos. Una es de carácter permanente y se dirige a los centros urbanos; la otra es de carácter temporal y se dirige a los Estados Unidos. Esta migración a los Estados Unidos podría considerarse, en términos generales, más racional que la migración interna porque la diferencia salarial es más pronunciada y es mucho más alta la demanda de la mano de obra en el segmento relevante del mercado de trabajo al que esos migrantes se dirigen. A pesar de ello, la migración interna permanente que se dirige al sector informal del mercado de trabajo urbano es más frecuente.

2. Los patrones de migración que se siguen están muy relacionados con las instituciones sobre la tenencia de la tierra y con la organización de la producción. Cuando la tierra u otros medios de trabajo de la vida rural permiten a ciertas familias vivir a niveles por encima del de subsistencia, el patrón migratorio que prevalecerá será de carácter temporal y se dirigirá a los Estados Unidos. Cuando las parcelas familiares se sobrepueblan y sus habitantes tienen que vivir en niveles cercanos al de subsistencia, la llegada a su núcleo de miembros adicionales obligará a que algunos del grupo se vean en la necesidad de migrar definitivamente a un centro urbano. A menos de que se haga esta distinción, parecería que coexisten, paradójicamente, un patrón migratorio a los centros urbanos en donde existe un exceso de oferta de trabajo, con otro que se dirige a los Estados Unidos donde hay un excedente de demanda para esa clase de trabajo.

3. El precio de oferta de los migrantes internacionales parece ser mayor que el que predomina en el sector informal de

los centros urbanos, implicando esta circunstancia un diferencial negativo. Este patrón migratorio no será ni siquiera tomado en cuenta por los trabajadores rurales que viven a un nivel por encima del de subsistencia, en cambio el traslado a los Estados Unidos será para ellos un movimiento racional. El precio de oferta de los migrantes internos, por su parte, será el salario de subsistencia, mientras el que predomina en el sector informal del mercado de trabajo urbano parece ligeramente superior. Cuando el número de familiares aumenta, algunos tendrán que dejar la familia. Podrán trabajar en las cercanías, en alguna granja "capitalista", por el salario de subsistencia, pero eventualmente tendrán que trasladarse definitivamente a un centro urbano. Así sucederá cuando su familia (nueva) crezca, porque el precio de oferta del jefe tendrá que aumentar para poder llenar las necesidades de todos los que dependen de él.

4. Las remesas de los migrantes temporales representan, en algunas regiones, una importante fuente de capital. Este capital ayuda a obtener líneas de crédito, representa el primer estadio para un desarrollo subsecuente sostenido y elimina eventualmente la necesidad de migrar.

5. Las fuentes más importantes de trabajo mexicano migratorio a los Estados Unidos son los estados de Guanajuato, Zacatecas y la zona metropolitana de la ciudad de México.

6. Los estados norteamericanos a los que esa migración se dirige principalmente son los de California, Illinois, Texas, Nueva York y Minnesota.

7. Mientras la mayor parte de los lugares de procedencia y destino mencionados tienen una larga tradición migratoria del tipo señalado, otros como Nueva York, Minnesota y la ciudad de México no se habían detectado hasta ahora, por sesgos importantes en la recolección de datos.

8. De los datos de las remesas de Nueva York y de los obtenidos de las mismas en la ciudad de México, se desprende que es amplia la gama de ocupaciones a las que se dedi-

can los migrantes mexicanos internacionales y que no todos ellos son agrícolas. Junto a los braceros mexicanos, "espaldas mojadas" o tradicionales (campesinos no calificados, desconocedores del idioma inglés), hay otros más preparados, angloparlantes que no se atienen a las condiciones de sus visados y que se parecen a casi todos los migrantes indocumentados "no mexicanos".

9. Los datos de las remesas y otros que se obtuvieron durante la investigación de campo al elaborar este trabajo, revelan que tanto los lugares de origen como los de destino de los migrantes están muy dispersos e indican asimismo que la "cadena migratoria" no es un patrón habitual.

10. Los empleos que acepta la mayor parte de los migrantes mexicanos internacionales siguen siendo sobre todo agrícolas, pero el porcentaje de los que trabajan en los centros urbanos del exterior es cada vez mayor.

11. El mercado laboral de las zonas industriales de los Estados Unidos incluye entre sus segmentos una especie de "limbo" laboral que opera con fluidez, pero de una manera semiclandestina. Es clandestina por lo que respecta a los trabajadores pero no lo es por lo que se refiere a los empleos, que corresponden sobre todo al mercado secundario de trabajo. De la increíble rapidez con la que encuentra trabajo en los Estados Unidos un extranjero sin saber inglés (hecho que parecería implicar para él una clara desventaja) se desprende que existe un exceso de demanda de este tipo de trabajadores.

12. Los extranjeros ilegales no parecen afectar apreciablemente las relaciones laborales. Incluso son posiblemente más dóciles y más productivos que sus equivalentes norteamericanos. En cualquier otro segmento del mercado laboral, salvo en el secundario al que corresponden, se verían en seria desventaja para obtener empleo. El mercado secundario de trabajo, por sus especiales características, es sin duda el lugar de empleo perfecto para los extranjeros ilegales.

13. Tanto el número de trabajadores indocumentados

mexicanos que hay en los Estados Unidos como su importancia económica, han sido seriamente sobreestimados. Las cifras que suelen utilizarse son insostenibles desde el punto de vista científico y han entorpecido la comprensión y la evaluación real del fenómeno.

14. La corriente constante de migrantes temporales mexicanos a los Estados Unidos, y la evidente demanda que hay allí de sus servicios, sugieren que existe una relación recíprocamente benéfica para ambos países.

15. Mientras que hasta este trabajo se había considerado como la cifra de remesas de braceros 3 mil millones de dólares (1975), aquí se demuestra que esta cifra es arbitraria al deducirse de los datos obtenidos que las remesas de 1975 apenas debieron pasar de unos 300 millones de dólares, es decir, aproximadamente el 10% de cantidades "estimadas" en algunas investigaciones.

16. De la misma manera, el análisis de la información demuestra que si bien el acervo de trabajadores indocumentados ha podido estimarse en más de cinco millones de mexicanos, es más que probable que el acervo no haya llegado a pasar en ningún momento de un millón.

ANEXO 1. *Estados de destino y origen de las remisiones 1975*
(Dólares)

Estado de destino	*Estado de origen*	*Monto total*	*Número*	*Media*	*Desviación*	*Por debajo de 500*
Aguascalientes	Arizona	3 045	63	48	37.9	100
	California	136 122	1 239	110	102.2	100
	Colorado	2 184	105	21	11.2	100
	Connecticut	12 726	147	87	50.7	100
	Idaho	2 100	21	100	0.0	100
	Illinois	52 584	483	109	103.9	100
	Kansas	672	63	11	0.9	100
	Minnesota	33 705	336	100	62.9	100
	Ohio	3 780	21	180	0.0	100
	Oregon	1 890	21	90	0.0	100
	Texas	23 142	189	122	180.5	89
	Virginia	210	21	10	0.0	100
	? ? ? ?	78 645	588	134	98.5	100
	Total MO	272 160	2 708	101	101.7	99
	Total MO + UP	350 805	3 297	106	101.9	99
Baja California Norte	? ? ? ?	4 305	63	68	23.2	100

Campeche	Arkansas	252 000	21	12 000	0.0	0
	California	61 635	231	267	552.8	91
	Colorado	1 680	42	40	0.0	100
	Connecticut	2 100	21	100	0.0	100
	Illinois	10 080	168	60	50.0	100
	Minnesota	1 050	21	50	0.0	100
	Nueva York	9 660	84	115	86.2	100
	Texas	669 533	63	10 628	4 058.8	0
	Washington	1 050	21	50	0.0	100
	? ? ? ?	2 730	84	33	14.8	100
	Total MO	1 008 788	672	1 501	3 809.7	84
	Total MO + UP	1 011 518	756	1 338	3 621.3	86
Chihuahua	California	72 555	777	93	97.8	100
	Colorado	4 200	126	33	31.4	100
	Connecticut	9 660	147	66	32.5	100
	Illinois	59 010	441	134	153.8	95
	Kansas	12 600	42	300	100.0	100
	Kentucky	26 513	42	631	618.7	50
	Maryland	1 680	21	80	0.0	100
	Michigan	1 680	21	80	0.0	100
	Minnesota	10 794	336	32	28.8	100
	Missouri	4 935	21	235	0.0	100
	Montana	441	21	21	0.0	100
	Nevada	630	42	15	5.0	100

ANEXO 1. [*Continúa.*]

Estado de destino	*Estado de origen*	*Monto total*	*Número*	*Media*	*Desviación*	*Por debajo de 500*
Chihuahua	Nuevo México	1 050	21	50	0.0	100
	Nueva York	11 760	84	140	135.8	100
	Oklahoma	630	21	30	0.0	100
	Texas	301 122	336	896	3 301.0	94
	0 0 0 0	2 100	21	100	0.0	100
	? ? ? ?	97 104	1 176	83	68.5	100
	Total MO	521 360	2 520	207	1 243.9	98
	Total MO + UP	618 464	3 697	167	1 029.5	98
Chiapas	Arizona	2 793	63	44	55.6	100
	California	60 554	525	115	212.2	96
	Colorado	6 930	189	37	25.3	100
	Illinois	3 780	42	90	10.0	100
	Iowa	20 727	105	197	297.9	80
	Kansas	420	21	20	0.0	100
	Minnesota	2 163	105	21	11.8	100
	Carolina del Norte	2 100	21	100	0.0	100
	Nuevo México	210	21	10	0.0	100
	Nueva York	782 145	294	2 660	8 706.2	86
	Texas	185 955	210	886	2 372.0	90
	Washington	10 584	42	252	227.0	100

	Wisconsin	420 000	21	20 000	0.0	0
	? ? ? ?	6 486	168	39	23.5	100
	Total MO	1 498 360	1 659	903	447.0	93
	Total MO + UP	1 504 828	1 827	824	4 245.0	93
Coahuila	California	14 196	126	113	159.5	100
	Colorado	13 545	126	108	32.4	100
	Connecticut	1 050	21	50	0.0	100
	Illinois	10 563	210	50	47.3	100
	Minnesota	945	42	23	2.5	100
	Texas	5 355	105	51	18.0	100
	? ? ? ?	7 014	231	30	26.7	100
	Total MO	45 654	628	73	84.2	100
	Total MO + UP	52 668	860	61	75.7	100
Colima	California	7 980	147	54	21.9	100
	0 0 0 0	21 840	168	130	86.3	100
	? ? ? ?	2 100	21	100	0.0	100
	Total MO	29 820	315	95	75.0	100
	Total MO + UP	31 920	336	95	72.6	100
Distrito Federal	Alabama	8 232	63	131	137.6	100
	Arizona	19 691	252	78	104.5	100
	Arkansas	4 830	42	115	80.0	100
	California	2 632 655	15 812	167	900.5	98

Anexo 1. [*Continúa.*]

Estado de destino	*Estado de origen*	*Monto total*	*Número*	*Media*	*Desviación*	*Por debajo de 500*
Distrito Federal	Colorado	379 091	2 352	161	504.8	96
	Connecticut	195 160	1 701	115	239.4	97
	Delaware	4 200	42	100	0.0	100
	Florida	822 568	693	1 187	3 422.5	82
	Georgia	1 092	21	52	0.0	100
	Idaho	4 200	21	200	0.0	100
	Illinois	2 604 822	7 160	364	4 326.8	96
	Indiana	47 020	126	373	612.4	83
	Iowa	2 138	126	17	7.1	100
	Kansas	42 525	252	169	150.5	100
	Kentucky	8 400	21	400	0.0	100
	Louisiana	59 976	105	571	741.9	60
	Maryland	1 511	42	36	10.0	100
	Massachusetts	2 478	42	59	41.0	100
	Michigan	62 832	252	249	311.1	83
	Minnesota	284 515	3 924	73	68.2	100
	Missouri	539 913	189	2 857	5 002.8	78
	Carolina del Norte	16 800	21	800	0.0	0
	Nevada	4 368	84	52	23.5	100
	Nueva Jersey	32083	294	109	107.3	100

	Nuevo México	4 200	21	200	0.0	100
	Nueva York	1 486 567	4 305	345	1 056.8	88
	Ohio	16 716	168	100	154.7	100
	Oklahoma	55 584	147	378	740.5	86
	Oregon	10 626	126	84	66.1	100
	Pennsylvania	18 893	168	113	116.4	100
	Tennessee	2 604	21	124	0.0	100
	Texas	495 987	3 255	152	338.2	94
	Utah	28 224	21	1 344	0.0	0
	Vermont	1 344	21	64	0.0	100
	Virginia	4 452	63	71	29.2	100
	Washington	26 975	315	86	134.6	93
	Wisconsin	52 238	147	355	760.8	86
	0 0 0 0	460 755	1 638	2 281	1 358.9	95
	Virginia (UP)	483	42	12	5.3	100
	? ? ? ?	1 038 399	10 210	102	157.6	100
	Total MO	10 440 718	44 035	237	1 972.9	95
	Total MO + UP	11 479 600	54 277	212	1 779.1	96
Durango	Arizona	3 696	105	35	52.7	100
	California	457 366	2 857	160	689.5	99
	Colorado	31 311	420	75	48.9	100
	Connecticut	43 764	567	77	61.2	100
	Florida	5 040	21	240	0.0	100
	Idaho	315	21	15	0.0	100

ANEXO 1. [*Continúa.*]

Estado de destino	*Estado de origen*	*Monto total*	*Número*	*Media*	*Desviación*	*Por debajo de 500*
Durango	Illinois	144 858	1 218	119	133.1	98
	Kansas	1 953	63	31	20.7	100
	Michigan	1 470	63	23	12.5	100
	Minnesota	62 223	946	66	45.1	100
	Mississippi	4 200	21	200	0.0	100
	Missouri	1 260	21	60	0.0	100
	Nueva Jersey	2 100	21	100	0.0	100
	Nuevo México	11 844	105	113	79.4	100
	Nueva York	177 345	147	1 206	2 773.6	86
	Oregon	7 665	42	183	142.5	100
	Pennsylvania	40 152	252	159	86.5	100
	Texas	60 679	567	107	148.2	96
	Virginia	14 280	84	170	143.7	100
	Washington	3 672	42	87	67.4	100
	0 0 0 0	5 649	84	67	35.9	100
	? ? ? ?	144 098	1 911	75	60.2	100
	Total MO	1 080 843	7 666	141	595.3	99
	Total MO + UP	1 224 941	9 577	128	533.9	99
Guanajuato	Alabama	1 050	21	50	0.0	100
	Arizona	74 659	462	162	138.0	95

Arkansas	8 400	63	133	47.1	100
California	3 315 398	23 513	141	161.2	99
Colorado	408 661	3 550	115	123.6	99
Connecticut	181 335	1 995	91	74.1	100
Florida	40 005	273	147	116.6	100
Georgia	5 880	63	93	9.4	100
Idaho	69 720	357	195	218.8	94
Illinois	2 208 424	12 765	173	243.4	95
Indiana	31 185	273	114	104.9	100
Iowa	2 457	63	39	36.5	100
Kansas	23 835	252	95	93.8	100
Kentucky	27 006	63	429	36.5	100
Louisiana	8 414	63	134	84.8	100
Massachusetts	252	21	12	0.0	100
Michigan	9 555	147	65	65.2	100
Minnesota	692 374	7 205	96	68.2	100
Missouri	18 249	210	87	112.6	100
Montana	1 437	42	34	4.2	100
Nebraska	11 340	42	270	230.0	100
Nevada	2 625	84	31	28.8	100
Nueva Jersey	458	42	11	3.5	100
Nuevo México	1 470	42	35	25.0	100
Nueva York	220 009	1 218	181	193.1	97
Ohio	95 760	126	760	348.9	33
Oklahoma	1 512	42	36	14.0	100

ANEXO 1. [*Continúa.*]

Estado de destino	*Estado de origen*	*Monto total*	*Número*	*Media*	*Desviación*	*Por debajo de 500*
Guanajuato	Oregón	45 142	294	154	108.2	100
	Pennsylvania	91 268	504	181	216.7	92
	Rhode Island	7 511	42	179	171.2	100
	Texas	521 653	4 536	115	120.2	99
	Utah	420	42	10	0.0	100
	Virginia	11 256	42	268	23.0	100
	Washington	106 092	672	158	186.2	94
	Wisconsin	53 760	231	2 233	148.8	100
	0 0 0 0	207 692	1 533	136	198.7	97
	? ? ? ?	1 958 250	16 553	118	89.7	100
	Total MO	8 506 263	60 890	140	174.6	98
	Total MO + UP	10 464 513	77 458	135	160.6	98
Guerrero	Arizona	11 130	63	177	33.0	100
	California	342 328	2 121	161	215.9	97
	Colorado	59 745	567	105	103.7	96
	Connecticut	42 798	462	93	58.5	100
	Florida	2 100	21	100	0.0	100
	Illinois	548 921	3 780	145	147.3	96
	Kansas	2 100	21	100	0.0	100
	Minnesota	148 848	1 260	118	63.7	100

	Nueva York	22 730	147	155	80.4	100
	Ohio	10 290	42	245	195.0	100
	Oregon	1 680	21	80	0.0	100
	Pennsylvania	2 100	21	100	0.0	100
	Texas	36 582	420	87	72.3	100
	Washington	10 500	42	250	0.0	100
	Wisconsin	29 484	63	468	555.8	67
	? ? ? ?	332 238	2 478	134	89.0	100
	Total MO	1 279 212	9 137	140	159.1	97
	Total MO + UP	1 611 450	11 610	139	147.0	98
Hidalgo	Alabama	5 040	21	240	0.0	100
	Arizona	6 300	21	300	0.0	100
	California	77 595	420	185	173.0	100
	Colorado	1 680	63	27	12.5	100
	Connecticut	2 520	63	40	8.2	100
	Illinois	13 440	189	71	117.1	100
	Minnesota	6 216	84	74	14.0	100
	Nueva York	5 040	42	120	80.0	100
	Texas	10 584	63	168	125.5	100
	Utah	1 680	21	80	0.0	100
	Vermont	441	21	21	0.0	100
	0 0 0 0	11 970	84	143	125.0	100
	? ? ? ?	62 118	420	148	98.8	100
	Total MO	142 506	1 092	131	143.2	100

ANEXO 1. [*Continúa.*]

Estado de destino	*Estado de origen*	*Monto total*	*Número*	*Media*	*Desviación*	*Por debajo de 500*
Hidalgo	Total MO + UP	204 624	1 512	135	132.6	100
Jalisco	Alabama	840	21	40	0.0	100
	Arizona	26 775	84	319	486.4	75
	California	385 686	4 932	78	92.1	99
	Colorado	10 353	545	19	25.4	100
	Connecticut	35 364	441	80	74.0	100
	Idahro	8 400	84	100	0.0	100
	Illinois	149 583	819	183	264.7	90
	Indiana	105	21	5	0.0	100
	Iowa	2 625	21	125	0.0	100
	Kansas	441	63	7	2.2	100
	Michigan	2 520	21	120	0.0	100
	Minnesota	35 805	1 009	36	53.5	100
	Missouri	903	21	43	0.0	100
	Nueva York	32 130	294	109	162.0	100
	Oklahoma	105	21	5	0.0	100
	Pennsylvania	6 038	42	144	93.2	100
	Texas	33 663	715	47	51.8	100
	Washington	2 940	42	70	30.0	100
	0 0 0 0	253 218	1 638	155	164.1	97

	? ? ? ?	142 355	2 393	60	67.9	100
	Total MO	987 493	10 840	91	137.9	98
	Total MO + UP	1 129 848	13 230	85	128.7	98
Estado de México	California	170 112	1 302	131	119.5	100
	Colorado	31 647	273	116	132.3	100
	Connecticut	14 133	168	84	67.3	100
	Florida	16 236	63	258	171.7	100
	Illinois	113 572	819	139	135.9	97
	Maryland	3 360	21	160	0.0	100
	Minnesota	30 324	420	72	41.6	100
	Missouri	420	21	20	0.0	100
	Nueva Jersey	2 100	21	100	0.0	100
	Nueva York	53 539	147	364	467.4	86
	Oregon	630	21	30	0.0	100
	Pennsylvania	4 071	21	194	0.0	100
	Texas	34 341	357	96	74.8	100
	Virginia	840	21	40	0.0	100
	Washington	4 200	21	200	0.0	100
	0 0 0 0	3 948	63	63	14.3	100
	? ? ? ?	66 864	630	106	79.2	100
	Total MO	483 472	3 760	129	153.4	99
	Total MO + UP	550 336	4 389	125	145.3	99
Michoacán	Arizona	1 260	42	30	10.0	100

ANEXO 1. [*Continúa.*]

Estado de destino	*Estado de origen*	*Monto total*	*Número*	*Media*	*Desviación*	*Por debajo de 500*
Michoacán	California	931 434	7 961	117	121.0	99
	Colorado	20 622	189	109	67.1	100
	Connecticut	53 907	714	76	66.9	100
	Idaho	17 514	126	139	73.9	100
	Illinois	585 900	2 898	202	317.7	94
	Michigan	2 520	42	60	20.0	100
	Minnesota	41 668	462	90	53.2	100
	Nueva Jersey	840	21	40	0.0	100
	Nuevo México	1 722	21	82	0.0	100
	Nueva York	39 165	357	110	121.2	100
	Texas	35 553	567	63	56.7	100
	Virginia	5 250	21	250	0.0	100
	Wisconsin	1 050	21	50	0.0	100
	0 0 0 0 .	219 807	2 268	97	121.2	99
	? ? ? ?	360 486	3 004	120	96.4	100
	Total MO	1 958 212	15 703	125	175.0	99
	Total MO + UP	2 318 698	18714	124	164.9	99
Morelos	Arizona	1 350	21	64	0.0	100
	California	221 807	2 121	105	120.9	98

	Colorado	21 504	252	85	60.7	100
	Connecticut	9 369	147	64	56.4	100
	Florida	5 040	84	60	23.5	100
	Idaho	7 875	63	125	0.0	100
	Illinois	288 521	2 121	136	132.4	98
	Indiana	1 596	42	38	12.0	100
	Massachusetts	5 670	42	135	105.0	100
	Minnesota	37 695	399	95	65.8	100
	Nebraska	210	21	10	0.0	100
	Nevada	769	21	37	0.0	100
	Nueva Jersey	11 025	42	263	237.5	100
	Nuevo México	840	21	40	0.0	100
	Nueva York	223 592	525	426	1 469.1	92
	Ohio	21 000	21	1 000	0.0	0
	Pennsylvania	18 123	105	173	67.5	100
	Texas	62 708	273	230	435.7	92
	Washington	4 047	42	96	16.4	100
	0 0 0 0	3 990	42	95	45.0	100
	? ? ? ?	143 409	1 407	102	82.3	100
	Total MO	946 729	6 405	148	455.3	97
	Total MO + UP	1 090 138	7 815	140	414.1	98
Nayarit	Alabama	1 365	42	33	7.5	100
	Arizona	23 121	84	275	104.2	100
	California	390 243	4 074	96	107.3	100

ANEXO 1. [*Continúa.*]

Estado de destino	*Estado de origen*	*Monto total*	*Número*	*Media*	*Desviación*	*Por debajo de 500*
Nayarit	Colorado	17 304	252	69	42.2	100
	Connecticut	21 147	420	50	34.0	100
	Hawaii	6 762	42	161	151.0	100
	Idaho	336	21	16	0.0	100
	Illinois	5 565	105	53	47.1	100
	Kansas	2 730	21	130	0.0	100
	Minnesota	24 276	420	58	45.7	100
	Oregon	3 150	42	75	25.0	100
	Texas	6 720	147	46	18.6	100
	Washington	672	21	32	0.0	100
	0 0 0 0	10 605	231	46	57.7	100
	? ? ? ?	107 520	1 639	66	47.5	100
	Total MO	513 996	5 922	87	98.3	100
	Total MO + UP	621 516	7 561	82	90.2	100
Nuevo León	California	62 790	399	157	120.3	100
	Colorado	17 136	231	74	52.6	100
	Connecticut	18 900	126	150	91.5	100
	Illinois	75 537	441	171	363.4	95
	Minnesota	46 452	546	85	49.6	100

	Texas	79 191	756	105	192.2	97
	Washington	210	21	10	0.0	100
	Wisconsin	1 050	21	50	0.0	100
	0 0 0 0	5 670	147	39	28.0	100
	? ? ? ?	27 510	483	57	47.4	100
	Total MO	306 936	2 688	114	192.4	98
	Total MO + UP	334 446	3 170	106	179.3	99
Oaxaca	California	316 255	1 638	193	448.1	95
	Colorado	1 680	63	27	23.6	100
	Connecticut	12 390	147	84	59.7	100
	Florida	3 780	21	180	0.0	100
	Illinois	388 920	147	2 646	6 269.0	86
	Minnesota	48 825	420	116	67.9	100
	Montana	3 150	21	150	0.0	100
	Nueva York	105 567	189	559	1 218.8	89
	Oklahoma	1 680	21	80	0.0	100
	Oregon	1 297	21	62	0.0	100
	Texas	14 469	210	69	55.8	100
	? ? ? ?	117 579	945	124	92.6	100
	Total MO	898 013	2 898	310	1 583.8	96
	Total MO + UP	1 015 592	3 843	264	1 378.5	97
Puebla	Arizona	18 963	42	452	226.5	50
	Arkansas	7 875	21	375	0.0	100

ANEXO 1. [*Continúa.*]

Estado de destino	*Estado de origen*	*Monto total*	*Número*	*Media*	*Desviación*	*Por debajo de 500*
Puebla	California	121 675	1 618	75	84.3	100
	Colorado	25 788	357	72	37.5	100
	Connecticut	1 260	21	60	0.0	100
	Florida	9 345	63	148	107.4	100
	Illinois	66 758	630	106	145.1	97
	Indiana	6 573	84	78	16.7	100
	Kansas	11 340	63	180	107.1	100
	Massachusetts	1 785	21	85	0.0	100
	Michigan	2 457	42	59	41.5	100
	Minnesota	33 117	294	113	61.4	100
	Missouri	4 725	42	113	12.5	100
	Nevada	1 680	21	80	0.0	100
	Nueva Jersey	78 645	273	288	297.3	85
	Nuevo México	21 000	42	500	300.0	50
	Nueva York	137 901	966	143	199.6	96
	Ohio	2 499	42	60	39.5	100
	Oregon	4 200	42	100	0.0	100
	Pennsylvania	9 345	63	148	58.1	100
	Texas	21 441	210	102	169.9	90
	Washington	6 300	42	150	75.0	100

	0 0 0 0	13 020	147	89	27.5	100
	? ? ? ?	89 078	1 050	85	76.5	100
	Total MO	607 512	5 144	118	158.2	97
	Total MO + UP	696 590	6 197	112	148.1	97
Querétaro	California	45 305	252	180	150.5	100
	Colorado	13 713	126	109	78.0	100
	Connecticut	126	21	6	0.0	100
	Illinois	22 835	168	142	181.0	88
	Minnesota	25 956	315	82	78.4	100
	Nueva Jersey	525	21	25	0.0	100
	Nueva York	20 286	63	322	340.9	67
	Texas	35 280	147	240	315.9	86
	Washington	2 100	21	100	0.0	100
	? ? ? ?	13 755	126	109	75.9	100
	Total MO	167 126	1 134	147	191.7	94
	Total MO + UP	180 881	1 260	144	183.8	95
Quintana Roo	California	1 155	42	28	17.5	100
	Colorado	2 100	42	50	10.0	100
	Connecticut	1 890	21	90	0.0	100
	Illinois	2 919	42	70	45.5	100
	Texas	630	21	30	0.0	100
	Total MO	8 694	168	52	33.0	100

ANEXO 1. [*Continúa.*]

Estado de destino	*Estado de origen*	*Monto total*	*Número*	*Media*	*Desviación*	*Por debajo de 500*
San Luis Potosí	Arizona	4 284	84	51	42.1	100
	Arkansas	1 680	21	80	0.0	100
	California	241 752	1 722	140	151.5	99
	Colorado	125 727	1 282	98	157.0	97
	Connecticut	45 152	525	86	59.2	100
	Florida	1 743	63	28	19.3	100
	Illinois	322 520	3 193	101	106.7	99
	Indiana	1 050	21	50	0.0	100
	Kansas	15 477	126	123	99.4	100
	Massachusetts	2 100	21	100	0.0	100
	Michigan	14 910	84	178	123.8	100
	Minnesota	103 799	1 281	81	64.8	100
	Carolina del Norte	8 400	63	133	174.4	100
	Nevada	2 520	42	60	10.0	100
	Nueva Jersey	4 200	21	200	0.0	100
	Nuevo México	2 100	21	100	0.0	100
	Nueva York	34 013	147	231	282.5	86
	Ohio	14 763	42	352	291.5	50
	Oklahoma	4 200	21	200	0.0	100
	Oregon	4 406	42	105	4.9	100

	Pennsylvania	24 927	126	198	121.7	100
	Texas	298 318	2 814	106	84.6	99
	Utah	3 255	42	78	62.5	100
	0 0 0 0	20 937	210	100	62.4	100
	? ? ? ?	550 702	4 601	120	92.2	100
	Total MO	1 302 233	12 013	108	118.4	99
	Total MO + UP	1852935	16 618	112	111.9	99
Sinaloa	California	4 200	21	200	0.0	100
	Colorado	1 575	42	38	22.5	100
	Illinois	1 890	21	90	0.0	100
	Minnesota	2 457	63	39	18.5	100
	Texas	2 100	21	100	0.0	100
	Total MO	12 222	168	73	56.1	100
Tabasco	California	2 310	84	28	13.5	100
	Colorado	462	21	22	0.0	100
	Connecticut	210	21	10	0.0	100
	Illinois	630	42	15	5.0	100
	Iowa	5 250	21	250	0.0	100
	Minnesota	3 570	42	85	15.0	100
	Nueva York	1 890	42	45	25.0	100
	Tennessee	4 200	63	67	42.5	100
	? ? ? ?	10 080	105	96	94.1	100
	Total MO	18 522	336	55	60.0	100
	Total MO + UP	28 602	441	65	71.8	100

ANEXO 1. [*Continúa.*]

Estado de destino	*Estado de origen*	*Monto total*	*Número*	*Media*	*Desviación*	*Por debajo de 500*
Tamaulipas	Arizona	1 260	21	60	0.0	100
	California	38 493	441	87	77.9	100
	Colorado	7 833	168	41	29.0	100
	Idaho	664	42	16	5.8	100
	Illinois	60 186	735	82	106.6	100
	Louisiana	462	21	22	0.0	100
	Michigan	630	21	30	0.0	100
	Minnesota	10 920	105	104	125.2	100
	Missouri	1 890	21	90	0.0	100
	Nueva York	25 161	147	171	110.5	100
	Texas	207 438	651	319	1 403.6	97
	Utah	252	21	12	0.0	100
	Vermont	420	21	20	0.0	100
	Wisconsin	2 100	21	100	0.0	100
	0 0 0 0	1 680	21	80	0.0	100
	? ? ? ?	36 950	546	68	81.6	100
	Total MO	359 389	2 479	145	731.6	99
	Total MO + UP	396339	3 023	131	663.8	99
Tlaxcala	Illinois	2 306	21	110	0.0	100

	Minnesota	3 192	21	152	0.0	100
	Nueva Jersey	210	21	10	0.0	100
	Nueva York	210	21	10	0.0	100
	Pennsylvania	25 200	21	1 200	0.0	0
	Texas	504	21	24	0.0	100
	Washington	3 276	21	156	0.0	100
	Wisconsin	3 360	21	160	0.0	100
	Total MO	38 258	168	228	372.7	88
Veracruz	California	107 342	1 260	85	136.7	98
	Colorado	23 243	294	79	54.7	100
	Connecticut	9 555	210	46	21.3	100
	Florida	3 570	21	170	0.0	100
	Idaho	4 200	21	200	0.0	100
	Illinois	94 416	819	115	124.7	100
	Indiana	63 000	21	3 000	0.0	0
	Kansas	8 610	42	205	55.0	100
	Minnesota	45 423	546	83	68.3	100
	Montana	210	21	10	0.0	100
	Nueva Jersey	2 310	84	28	20.8	100
	Nueva York	64 407	399	161	393.5	95
	Oregon	735	21	35	0.0	100
	Pennsylvania	7 350	21	350	0.0	100
	Texas	656 565	378	1 737	6 612.1	89

ANEXO 1. [*Continúa.*]

Estado de destino	*Estado de origen*	*Monto total*	*Número*	*Media*	*Desviación*	*Por debajo de 500*
Veracruz	Utah	4 095	42	98	12.5	100
	0 0 0 0	31 815	231	138	144.6	91
	? ? ? ?	126 483	1 364	93	75.5	100
	Total MO	1 126 846	4 431	254	1 999.9	97
	Total MO + UP	1 253 329	5 797	216	1 750.4	98
Yucatán	Arizona	86 353	42	2 056	2 016.0	50
	California	278 099	2 542	109	108.6	100
	Colorado	1 890	63	30	8.2	100
	Connecticut	29 637	336	88	82.3	100
	Florida	9 660	84	115	165.0	100
	Illinois	6 195	63	98	67.1	100
	Kansas	399	21	19	0.0	100
	Maryland	1 050	21	50	0.0	100
	Massachusetts	4 200	42	100	0.0	100
	Minnesota	30 681	336	91	61.0	100
	Nueva Jersey	3 969	63	63	57.3	100
	Nuevo México	105	21	5	0.0	100
	Nueva York	9 626	210	46	41.8	100
	Texas	16 800	231	73	36.6	100

	0 0 0 0	4 410	63	70	21.6	100
	? ? ? ?	101 493	1 050	97	82.4	100
	Total MO	483 075	4 136	117	298.7	100
	Total MO + UP	584 568	5 187	113	269.5	100
Zacatecas	Arizona	20 265	294	69	51.6	100
	California	1 092 253	7 813	140	434.9	99
	Colorado	152 334	1 805	84	62.9	100
	Connecticut	147 546	1 512	98	79.1	100
	Florida	4 725	42	113	87.5	100
	Georgia	8 400	21	400	0.0	100
	Idaho	89 401	147	680	309.7	57
	Illinois	303 652	2 666	114	121.1	99
	Indiana	28 812	105	274	224.8	80
	Iowa	5 698	42	136	130.7	100
	Kansas	18 060	42	430	370.0	50
	Minnesota	245 217	2 477	99	68.6	100
	Missouri	1 890	42	45	15.0	100
	Montana	2 772	21	132	0.0	100
	Nebraska	6 300	21	300	0.0	100
	Nevada	5 040	42	120	100.0	100
	Nuevo México	1 995	42	48	22.5	100
	Nueva York	64 617	357	181	176.6	94
	Oregon	14 070	189	74	28.7	100

ANEXO 1. [*Concluye.*]

Estado de destino	*Estado de origen*	*Monto total*	*Número*	*Media*	*Desviación*	*Por debajo de 500*
Zacatecas	Pennsylvania	10 500	105	100	0.0	100
	Texas	104 269	1 471	71	82.0	99
	Utah	27 615	84	329	446.6	75
	Vermont	2 100	21	100	0.0	100
	Virginia	420	21	20	0.0	100
	Washington	59 745	147	406	815.9	86
	Wisconsin	6 825	63	108	11.8	100
	0 0 0 0	22 260	252	88	58.6	100
	? ? ? ?	597 986	5 563	108	85.7	100
	Total MO	2 446 790	19 844	123	299.7	99
	Total MO + UP	3 044 775	25 415	120	268.0	99
0 0 0 0	California	77 049	630	122	118.5	100
	Illinois	15 960	105	152	60.1	100
	Nueva Jersey	525	21	25	0.0	100
	Nueva York	22 701	21	1 081	0.0	0
	Texas	1 470	42	35	15.0	100
	0 0 0 0	32 550	357	91	41.9	100
	? ? ? ?	24 276	420	58	56.9	100
	Total MO	150 255	1 176	128	159.9	98

Total MO + UP	174 531	1 595	109	143.7	99
Gran Total	43 897 472	289 944	151	942.0	98

FUENTE: Juan Díez-Canedo, *A New View of Mexican Migration to the U.S.* Tesis doctoral, MIT, 1980, pp. 143-158.
? ? ? ? Postal Money Orders, origen desconocido.
Total MO Total Money Orders.
Total MO + UP Total Money Orders más U.S. Postal Money Orders.
0 0 0 0 Money Orders, origen desconocido.

ANEXO 2. *Estados de origen y destino de las remisiones, 1975*
(Dólares)

Estado de origen	*Estado de destino*	*Monto total*	*Número*	*Media*	*Desviación*	*Por debajo de 500*
Alabama	Distrito Federal	8 232	63	131	137.6	100
	Guanajuato	1 050	21	50	0.0	100
	Hidalgo	5 040	21	240	0.0	100
	Jalisco	840	21	40	0.0	100
	Nayarit	1 365	42	33	7.5	100
	Total MO	16 527	168	98	108.7	100
Arizona	Aguascalientes	3 045	63	48	37.9	100
	Chiapas	2 793	63	44	55.6	100
	Distrito Federal	19 691	252	78	104.5	100
	Durango	3 696	105	35	52.7	100
	Guanajuato	74 659	462	162	138.0	95
	Guerrero	11 130	63	177	33.0	100
	Hidalgo	6 300	21	300	0.0	100
	Jalisco	26 775	84	319	486.4	75
	Michoacán	1 260	42	30	10.0	100
	Morelos	1 350	21	64	0.0	100
	Nayarit	23 121	84	275	104.2	100
	Puebla	18 963	42	452	226.5	50

	San Luis Potosí	4 284	84	51	42.1	100
	Tamaulipas	1 260	21	60	0.0	100
	Yucatán	86 353	42	2 056	2 016.0	50
	Zacatecas	20 265	294	69	51.6	100
	Total MO	304 945	1 743	175	463.3	95
Arkansas	Campeche	252 000	21	12 000	0.0	0
	Distrito Federal	4 830	42	115	80.0	100
	Guanajuato	8 400	63	133	47.1	100
	Puebla	7 875	21	375	0.0	100
	San Luis Potosí	1 680	21	80	0.0	100
	Total MO	274 785	168	1 636	3 918.6	88
California	Aguascalientes	136 122	1 239	110	102.2	100
	Campeche	61 635	231	267	552.8	91
	Chihuahua	72 555	777	93	97.8	100
	Chiapas	60 554	525	115	212.2	96
	Coahuila	14 196	126	113	159.5	100
	Colima	7 980	147	54	21.9	100
	Distrito Federal	2 632 655	15 812	167	900.5	98
	Durango	457 366	2 857	160	689.5	99
	Guanajuato	3 315 398	23 513	141	161.2	99
	Guerrero	342 328	2 121	161	215.9	97
	Hidalgo	77 595	420	185	173.0	100
	Jalisco	385 686	4 932	78	92.1	99

ANEXO 2. [*Continúa.*]

Estado de origen	*Estado de destino*	*Monto total*	*Número*	*Media*	*Desviación*	*Por debajo de 500*
California	Estado de México	170 112	1 302	131	119.5	100
	Michoacán	931 434	7 961	117	121.0	99
	Morelos	221 807	2 121	105	120.9	98
	Nayarit	390 243	4 074	96	107.3	100
	Nuevo León	62 790	399	157	120.3	100
	Oaxaca	316 255	1 638	193	448.1	95
	Puebla	121 675	1 618	75	84.3	100
	Querétaro	45 305	252	180	150.5	100
	Quintana Roo	1 155	42	28	17.5	100
	San Luis Potosí	241 752	1 722	140	151.5	99
	Sinaloa	4 200	21	200	0.0	100
	Tabasco	2 310	84	28	13.5	100
	Tamaulipas	38 493	441	87	77.9	100
	Veracruz	107 342	1 260	85	136.7	98
	Yucatán	278 099	2 542	109	108.6	100
	Zacatecas	1 092 253	7 813	140	434.9	99
	0 0 0 0	77 049	630	122	118.5	100
	Total MO	11 666 342	86 610	135	446.7	99
Colorado	Aguascalientes	2 184	105	21	11.2	100
	Campeche	1 680	42	40	0.0	100

Chiapas	6 930	189	37	25.3	100
Chihuahua	4 200	126	33	31.4	100
Coahuila	13 545	126	108	32.4	100
Distrito Federal	397 091	2 352	161	504.8	96
Durango	31 311	420	75	48.9	100
Guanajuato	408 661	3 550	115	123.6	99
Guerrero	59 745	567	105	103.7	96
Hidalgo	1 680	63	27	12.5	100
Jalisco	10 353	545	19	25.4	100
Michoacán	20 622	189	109	67.1	100
Morelos	21 504	252	85	60.7	100
Nayarit	17 304	252	69	42.0	100
Nuevo León	17 136	231	74	52.6	100
Oaxaca	1 680	63	27	23.6	100
Puebla	25 788	357	72	37.5	100
Querétaro	13 713	126	109	78.0	100
Quintana Roo	2 100	42	50	10.0	100
San Luis Potosí	125 727	1 282	98	157.0	97
Sinaloa	1 575	42	38	22.5	100
Tabasco	462	21	22	0.0	100
Tamaulipas	7 833	189	41	29.0	100
Veracruz	23 243	294	79	54.7	100
Yucatán	1 890	63	30	8.2	100
Zacatecas	152 334	1 805	84	62.9	100

ANEXO 2. [*Continúa.*]

Estado de origen	*Estado de destino*	*Monto total*	*Número*	*Media*	*Desviación*	*Por debajo de 500*
Colorado	Total MO	1 383 948	13 568	102	231.8	99
Connecticut	Aguascalientes	12 726	147	87	50.7	100
	Campeche	2 100	21	100	0.0	100
	Chihuahua	9 660	147	66	32.5	100
	Coahuila	1 050	21	50	0.0	100
	Distrito Federal	195 160	1 701	115	239.4	97
	Durango	43 764	567	77	61.2	100
	Estado de México	14 133	168	84	67.3	100
	Guanajuato	181 335	1 995	91	74.1	100
	Guerrero	42 798	462	93	58.5	100
	Hidalgo	2 520	63	40	8.2	100
	Jalisco	35 364	441	80	74.0	100
	Michoacán	53 907	714	76	66.9	100
	Morelos	9 369	147	64	56.4	100
	Nayarit	21 147	420	50	34.0	100
	Nuevo León	18 900	126	150	91.5	100
	Oaxaca	12 390	147	84	59.7	100
	Puebla	1 260	21	60	0.0	100
	Querétaro	126	21	6	0.0	100

	Quintana Roo	1 890	21	90	0.0	100
	San Luis Potosí	45 152	525	86	59.2	100
	Tabasco	210	21	10	0.0	100
	Veracruz	9 555	210	46	21.3	100
	Yucatán	29 637	336	88	82.3	100
	Zacatecas	147 546	1 512	98	79.1	100
	Total MO	891 699	9 952	90	118.1	100
Delaware	Distrito Federal	4 200	42	100	0.0	100
	Total MO	4 200	42	100	0.0	100
Florida	Distrito Federal	822 568	693	1 187	3 422.5	82
	Durango	5 040	21	240	0.0	100
	Guanajuato	40 005	273	147	116.6	100
	Guerrero	2 100	21	100	0.0	100
	Estado de México	16 236	63	258	171.7	100
	Morelos	5 040	84	60	23.5	100
	Oaxaca	3 780	21	180	0.0	100
	Puebla	9 345	63	148	107.4	100
	San Luis Potosí	1 743	63	28	19.3	100
	Veracruz	3 570	21	170	0.0	100
	Yucatán	4 725	42	113	87.5	100
	Total MO	923 811	1 449	638	2 426.3	91
Georgia	Distrito Federal	1 092	21	52	0.0	100

ANEXO 2. [*Continúa.*]

Estado de origen	*Estado de destino*	*Monto total*	*Número*	*Media*	*Desviación*	*Por debajo de 500*
Georgia	Guanajuato	5 880	63	93	9.4	100
	Zacatecas	8 400	21	400	0.0	100
	Total MO	15 372	105	146	128.0	100
Hawaii	Nayarit	6 762	42	161	151.0	100
	Total MO	6 762	42	161	151.0	100
Idaho	Aguascalientes	2 100	21	200	0.0	100
	Distrito Federal	4 200	21	200	0.0	100
	Durango	315	21	15	0.0	100
	Guanajuato	69 720	357	195	218.8	94
	Jalisco	8 400	84	100	0.0	100
	Michoacán	17 514	126	139	73.9	100
	Morelos	7 874	63	125	0.0	100
	Nayarit	336	21	16	0.0	100
	Tamaulipas	664	42	16	5.8	100
	Veracruz	4 200	21	200	0.0	100
	Zacatecas	89 401	147	608	309.7	57
	Total MO	204 724	924	222	256.2	91

Illinois	Aguascalientes	52 584	483	109	103.9	100
	Campeche	10 080	168	60	50.0	100
	Chiapas	3 780	42	90	10.0	100
	Chihuahua	59 010	441	134	153.8	95
	Coahuila	10 563	210	50	47.3	100
	Distrito Federal	2 604 822	7 160	364	4 326.8	96
	Durango	144 858	1 218	119	133.1	98
	Guanajuato	2 208 424	12 765	173	243.4	95
	Guerrero	548 921	3 780	145	147.3	96
	Hidalgo	13 440	189	71	117.1	100
	Jalisco	149 583	819	183	264.7	90
	Estado de México	113 572	819	139	135.9	97
	Michoacán	585 900	2 898	202	317.7	94
	Morelos	288 521	2 121	136	132.4	98
	Nayarit	5 565	105	53	47.1	100
	Nuevo León	75 537	441	171	363.4	95
	Puebla	66 758	630	106	145.1	97
	Querétaro	23 835	168	142	181.0	88
	Quintana Roo	2 919	42	70	45.5	100
	San Luis Potosí	322 520	3 193	101	106.7	99
	Sinaloa	1 890	21	90	0.0	100
	Tabasco	630	42	15	5.0	100
	Tamaulipas	60 186	735	82	106.6	100
	Tlaxcala	2 306	21	110	0.0	100

ANEXO 2. [*Continúa.*]

Estado de origen	*Estado de destino*	*Monto total*	*Número*	*Media*	*Desviación*	*Por debajo de 500*
Illinois	Veracruz	94 416	819	115	124.7	100
	Yucatán	6 195	63	98	67.1	100
	Zacatecas	303 652	2 666	114	121.1	99
	0 0 0 0	15 960	105	152	60.1	100
	Total MO	8 165 167	42 307	193	1 835.1	96
Indiana	Distrito Federal	47 020	126	373	612.4	83
	Guanajuato	31 185	273	114	104.9	100
	Jalisco	105	21	5	0.0	100
	Morelos	1 596	42	38	12.0	100
	Puebla	6 573	84	78	16.7	100
	San Luis Potosí	1 050	21	50	0.0	100
	Veracruz	63 000	21	3 000	0.0	0
	Zacatecas	28 812	105	274	224.8	80
	Total MO	179 341	693	259	573.4	91
Iowa	Chiapas	20 727	105	197	297.9	80
	Distrito Federal	2 138	126	17	7.1	100
	Guanajuato	2 457	63	39	36.5	100
	Jalisco	2 625	21	125	0.0	100

	Tabasco	5 250	21	250	0.0	100
	Zacatecas	5 698	42	136	130.7	100
	Total MO	38 894	378	103	183.7	95
Kansas	Aguascalientes	672	63	11	0.9	100
	Chihuahua	12 600	42	300	100.0	100
	Chiapas	420	21	20	0.0	100
	Distrito Federal	42 525	252	169	150.5	100
	Durango	1 953	63	31	20.7	100
	Guanajuato	23 836	252	95	93.8	100
	Guerrero	2 100	21	100	0.0	100
	Jalisco	441	63	7	2.2	100
	Nayarit	2 730	21	130	0.0	100
	Puebla	11 340	63	180	107.1	100
	San Luis Potosí	15 477	126	123	99.4	100
	Veracruz	8 610	42	205	55.0	100
	Yucatán	399	21	19	0.0	100
	Zacatecas	18 060	42	430	370.0	50
	Total MO	141 162	1 092	129	152.2	98
Kentucky	Chihuahua	26 513	42	631	618.7	50
	Distrito Federal	8 400	21	400	0.0	100
	Guanajuato	27 006	63	429	36.5	100
	Total MO	61 919	126	491	371.7	83

ANEXO 2. [*Continúa.*]

Estado de origen	*Estado de destino*	*Monto total*	*Número*	*Media*	*Desviación*	*Por debajo de 500*
Louisiana	Distrito Federal	59 976	105	571	741.9	60
	Guanajuato	8 414	63	134	84.8	100
	Tamaulipas	462	21	22	0.0	100
	Total MO	68 852	189	364	602.2	78
Maryland	Chihuahua	1 680	21	80	0.0	100
	Distrito Federal	1 511	42	36	10.0	100
	Estado de México	3 360	21	160	0.0	100
	Yucatán	1 050	21	50	0.0	100
	Total MO	7 601	105	72	47.1	100
Massachusetts	Distrito Federal	2 478	42	59	41.0	100
	Guanajuato	252	21	12	0.0	100
	Morelos	5 670	42	135	105.0	100
	Puebla	1 785	21	85	0.0	100
	San Luis Potosí	2 100	21	100	0.0	100
	Yucatán	4 200	42	100	0.0	100
	Total MO	16 485	189	87	64.7	100
Michigan	Chihuahua	1 680	21	80	0.0	100
	Distrito Federal	62 832	252	249	311.1	83

	Durango	1 470	63	23	12.5	100
	Guanajuato	9 555	147	65	65.2	100
	Jalisco	2 520	21	120	0.0	100
	Michoacán	2 520	42	60	20.0	100
	Puebla	2 457	42	59	45.1	100
	San Luis Potosí	14 910	84	178	123.8	100
	Tamaulipas	630	21	30	0.0	100
	Total MO	98 574	693	142	215.2	94
Minnesota	Aguascalientes	33 705	336	100	62.9	100
	Campeche	1 050	21	50	0.0	100
	Chihuahua	10 794	336	32	28.8	100
	Chiapas	2 163	105	21	11.8	100
	Coahuila	945	42	23	2.5	100
	Distrito Federal	284 515	3 924	73	68.2	100
	Durango	62 223	946	66	45.1	100
	Estado de México	30 324	420	72	41.6	100
	Guanajuato	692 374	7 205	96	68.2	100
	Guerrero	148 848	1 260	118	63.6	100
	Hidalgo	6 216	84	74	14.0	100
	Jalisco	35 805	1 009	36	53.5	100
	Michoacán	41 668	462	90	53.2	100
	Morelos	37 695	399	95	65.8	100
	Nayarit	24 276	420	58	45.7	100

ANEXO 2. [*Continúa.*]

Estado de origen	*Estado de destino*	*Monto total*	*Número*	*Media*	*Desviación*	*Por debajo de 500*
Minnesota	Nuevo León	46 452	546	85	49.6	100
	Oaxaca	48 825	420	116	67.9	100
	Puebla	33 117	294	113	61.4	100
	Querétaro	25 956	315	82	78.4	100
	San Luis Potosí	103 799	1 281	81	64.8	100
	Sinaloa	2 457	63	39	18.5	100
	Tabasco	3 570	42	85	15.0	100
	Tamaulipas	10 920	105	104	125.2	100
	Tlaxcala	3 192	21	152	0.0	100
	Veracruz	45 423	546	83	68.3	100
	Yucatán	30 681	336	91	61.0	100
	Zacatecas	245 217	2 477	99	68.6	100
	Total MO	2 012 210	23 425	86	67.3	100
Mississippi	Durango	4 200	21	200	0.0	100
	Total MO	4 200	21	200	0.0	100
Missouri	Chihuahua	539 913	189	2 857	5 002.8	78
	Distrito Federal	4 935	25	235	0.0	100
	Durango	1 260	21	60	0.0	100

	Estado de México	420	21	20	0.0	100
	Guanajuato	18 249	210	87	112.6	100
	Jalisco	903	21	43	0.0	100
	Puebla	4 725	42	113	12.5	100
	Tamaulipas	1 890	21	90	0.0	100
	Zacatecas	1 890	42	45	15.0	100
	Total MO	574 185	588	977	3 118.5	93
Montana	Chihuahua	441	21	21	0.0	100
	Guanajuato	1 437	42	34	4.2	100
	Oaxaca	3 150	21	150	0.0	100
	Veracruz	210	21	10	0.0	100
	Zacatecas	2 772	21	132	0.0	100
	Total MO	8 010	126	64	55.7	100
Carolina del Norte	Chiapas	2 100	21	100	0.0	100
	Distrito Federal	16 800	21	800	0.0	0
	San Luis Potosí	8 400	63	133	174.4	100
	Total MO	27 300	105	260	302.2	80
Nebraska	Guanajuato	11 340	42	270	230.0	100
	Morelos	210	21	10	0.0	100
	Zacatecas	6 300	21	300	0.0	100
	Total MO	17 850	84	213	200.7	100
Nevada	Chihuahua	630	42	15	5.0	100

ANEXO 2. [*Continúa.*]

Estado de origen	*Estado de destino*	*Monto total*	*Número*	*Media*	*Desviación*	*Por debajo de 500*
Nevada	Distrito Federal	4 368	84	52	23.5	100
	Guanajuato	2 625	84	31	28.8	100
	Morelos	769	21	37	0.0	100
	Puebla	1 680	21	80	0.0	100
	San Luis Potosí	2 520	42	60	10.0	100
	Zacatecas	5 040	42	120	100.0	100
	Total MO	17 632	336	53	50.4	100
Nueva Jersey	Distrito Federal	32 083	294	109	107.3	100
	Durango	2 100	21	100	0.0	100
	Estado de México	2 100	21	100	0.0	100
	Guanajuato	458	42	11	3.5	100
	Michoacán	840	21	40	0.0	100
	Morelos	11 025	42	263	237.5	100
	Puebla	78 645	273	288	297.3	85
	Querétaro	525	21	25	0.0	100
	San Luis Potosí	4 200	21	200	0.0	100
	Tlaxcala	210	21	10	0.0	100
	Veracruz	2 310	84	28	20.8	100
	Yucatán	3 969	63	63	57.3	100

	0 0 0 0	525	21	25	0.0	100
	Total MO	138 990	945	147	206.7	95
Nuevo México	Chiapas	210	21	10	0.0	100
	Chihuahua	1 050	21	50	0.0	100
	Distrito Federal	4 200	21	200	0.0	100
	Durango	11 844	105	113	79.4	100
	Guanajuato	1 470	42	35	25.0	100
	Michoacán	1 722	21	82	0.0	100
	Morelos	840	21	40	0.0	100
	Puebla	21 000	42	500	300.0	50
	San Luis Potosí	2 100	21	100	0.0	100
	Yucatán	105	21	5	0.0	100
	Zacatecas	1 995	42	48	22.5	100
	Total MO	46 536	378	123	178.3	94
Nueva York	Campeche	9 660	84	115	86.2	100
	Chiapas	782 145	294	2 660	8 706.2	86
	Chihuahua	11 760	84	140	135.8	100
	Distrito Federal	1 486 567	4 305	345	1 056.8	88
	Durango	177 345	147	1 206	2 773.6	86
	Estado de México	53 539	147	364	467.4	86
	Guanajuato	220 009	1 218	181	193.1	97
	Guerrero	22 730	147	155	80.4	100
	Hidalgo	5 040	42	120	80.0	100

ANEXO 2. [*Continúa.*]

Estado de origen	*Estado de destino*	*Monto total*	*Número*	*Media*	*Desviación*	*Por debajo de 500*
Nueva York	Jalisco	32 130	294	109	162.0	100
	Michoacán	39 165	357	110	121.2	100
	Morelos	223 592	525	426	1 469.1	92
	Oaxaca	105 567	189	559	1 218.8	89
	Puebla	137 901	966	143	199.6	96
	Querétaro	20 286	63	322	340.9	67
	San Luis Potosí	34 013	147	231	282.5	86
	Tabasco	1 890	42	45	25.0	100
	Tamaulipas	25 161	147	171	110.5	100
	Tlaxcala	210	21	10	0.0	100
	Veracruz	64 407	399	161	393.5	95
	Yucatán	9 626	210	46	41.8	100
	Zacatecas	64 617	357	181	176.6	94
	0 0 0 0	22 701	21	1 081	0.0	0
	Total MO	3 550 062	10 207	348	1 763.8	92
Ohio	Aguascalientes	3 780	21	180	0.0	100
	Distrito Federal	16 716	168	100	154.7	100
	Guanajuato	95 760	126	760	348.9	33
	Guerrero	10 290	42	245	195.0	100

	Morelos	21 000	21	1 000	0.0	0
	Puebla	2 499	42	60	39.5	100
	San Luis Potosí	14 763	42	352	291.5	50
	Total MO	164 808	462	357	388.6	73
Oklahoma	Chihuahua	630	21	30	0.0	100
	Distrito Federal	55 584	147	378	740.5	86
	Guanajuato	1 512	42	36	14.0	100
	Jalisco	105	21	5	0.0	100
	Oaxaca	1 680	21	80	0.0	100
	San Luis Potosí	4 200	21	200	0.0	100
	Total MO	63 711	273	233	567.1	92
Oregón	Aguascalientes	1 890	21	90	0.0	100
	Distrito Federal	10 626	126	84	66.1	100
	Durango	7 665	42	183	142.5	100
	Estado de México	630	21	30	0.0	100
	Guanajuato	45 142	294	154	108.2	100
	Guerrero	1 680	21	80	0.0	100
	Nayarit	3 150	42	75	25.0	100
	Oaxaca	1 297	21	62	0.0	100
	Puebla	4 200	42	100	0.0	100
	San Luis Potosí	4 406	42	105	4.9	100
	Veracruz	735	21	35	0.0	100
	Zacatecas	14 070	189	74	28.7	100

ANEXO 2. [*Continúa.*]

Estado de origen	*Estado de destino*	*Monto total*	*Número*	*Media*	*Desviación*	*Por debajo de 500*
Oregón	Total MO	95 491	882	108	85.9	100
Pennsylvania	Distrito Federal	18 893	168	113	116.4	100
	Durango	40 152	252	159	86.5	100
	Estado de México	4 071	21	194	0.0	100
	Guanajuato	91 268	504	181	216.7	92
	Guerrero	2 100	21	100	0.0	100
	Jalisco	6 038	42	144	93.2	100
	Morelos	18 123	105	173	67.5	100
	Puebla	9 345	63	148	58.1	100
	San Luis Potosí	24 927	126	198	121.7	100
	Tlaxcala	25 200	21	1 200	0.0	0
	Veracruz	7 350	21	350	0.0	100
	Zacatecas	10 500	105	100	0.0	100
	Total MO	257 967	1 449	178	194.9	96
Rhode Island	Guanajuato	7 511	42	179	171.2	100
	Total MO	7 511	42	179	171.2	100
Tennessee	Distrito Federal	2 604	21	124	0.0	100
	Tabasco	4 200	63	67	42.5	100
	Total MO	6 804	84	81	44.4	100

Texas	Aguascalientes	23 142	189	122	180.5	89
	Campeche	669 533	63	10 628	4 058.8	0
	Chiapas	185 955	210	886	2 372.0	90
	Chihuahua	301 122	336	896	3 301.0	94
	Coahuila	5 355	105	51	18.0	100
	Distrito Federal	495 987	3 255	152	338.2	94
	Durango	60 679	567	107	148.2	96
	Guanajuato	521 653	4 536	115	120.2	99
	Guerrero	36 582	420	87	72.3	100
	Hidalgo	10 584	63	168	125.5	100
	Jalisco	33 663	715	47	51.8	100
	Estado de México	34 341	357	96	74.8	100
	Michoacán	35 553	567	63	56.7	100
	Morelos	62 708	273	230	435.7	92
	Nayarit	6 720	147	46	18.6	100
	Nuevo León	79 191	756	105	192.2	97
	Oaxaca	14 469	210	69	55.8	100
	Puebla	21 441	210	102	169.9	90
	Querétaro	35 280	147	240	315.9	86
	Quintana Roo	630	21	30	0.0	100
	San Luis Potosí	298 318	2 814	106	84.6	99
	Sinaloa	2 100	21	100	0.0	100
	Tamaulipas	207 438	651	319	1 403.8	97
	Tlaxcala	504	21	24	0.0	100

ANEXO 2. [*Continúa.*]

Estado de origen	*Estado de destino*	*Monto total*	*Número*	*Media*	*Desviación*	*Por debajo de 500*
Texas	Veracruz	656 565	378	1 737	6 612.1	89
	Yucatán	16 800	231	73	36.6	100
	Zacatecas	104 269	1 471	71	82.0	99
	0 0 0 0	1 470	42	35	15.0	100
	Total MO	3 922 051	18 775	209	1 314.8	97
Utah	Distrito Federal	28 224	21	1 344	0.0	0
	Guanajuato	420	42	10	0.0	100
	Hidalgo	1 680	21	80	0.0	100
	San Luis Potosí	3 255	42	78	62.5	100
	Tamaulipas	252	21	12	0.0	100
	Veracruz	4 095	42	98	12.5	100
	Zacatecas	27 615	84	329	446.6	75
	Total MO	65 541	273	240	423.6	85
Vermont	Distrito Federal	1 344	21	64	0.0	100
	Hidalgo	441	21	21	0.0	100
	Tamaulipas	420	21	20	0.0	100
	Zacatecas	2 100	21	100	0.0	100
	Total MO	4 305	84	51	33.3	100

Virginia	Aguascalientes	210	21	10	0.0	100
	Distrito Federal	4 452	63	71	29.2	100
	Durango	14 280	84	170	143.7	100
	Estado de México	840	21	40	0.0	100
	Guanajuato	11 256	42	268	23.0	100
	Michoacán	5 250	21	250	0.0	100
	Zacatecas	420	21	20	0.0	100
	Total MO	36 708	273	135	120.9	100
Washington	Campeche	1 050	21	50	0.0	100
	Chiapas	10 584	42	252	227.0	100
	Distrito Federal	26 975	315	86	134.6	93
	Estado de México	4 200	21	200	0.0	100
	Durango	3 672	42	87	67.4	100
	Guanajuato	106 092	672	158	186.2	94
	Guerrero	10 500	42	250	0.0	100
	Jalisco	2 940	42	70	30.0	100
	Morelos	4 047	42	96	16.4	100
	Nayarit	672	21	32	0.0	100
	Nuevo León	210	21	10	0.0	100
	Puebla	6 300	42	150	75.0	100
	Querétaro	2 100	21	100	0.0	100
	Tlaxcala	3 276	21	156	0.0	100
	Zacatecas	59 745	147	406	815.9	86
	Total MO	242 362	1 512	160	307.3	94

Anexo 2. [*Continúa.*]

Estado de origen	*Estado de destino*	*Monto total*	*Número*	*Media*	*Desviación*	*Por debajo de 500*
Wisconsin	Chiapas	420 000	21	20 000	0.0	0
	Distrito Federal	52 238	147	355	760.8	86
	Guanajuato	53 760	231	233	148.8	100
	Guerrero	29 484	63	468	555.8	67
	Michoacán	1 050	21	50	0.0	100
	Nuevo León	1 050	21	50	0.0	100
	Tamaulipas	2 100	21	100	0.0	100
	Tlaxcala	3 360	21	160	0.0	100
	Zacatecas	6 825	63	108	11.8	100
	Total MO	569 867	609	936	3 629.6	90
Virginia (UP)	Distrito Federal	483	42	12	5.3	100
	Total UP	483	42	12	5.3	100
? ? ? ?	Aguascalientes	78 645	588	134	98.5	100
	Baja California Norte	4 305	63	68	23.2	100
	Campeche	2 730	84	33	14.8	100
	Chiapas	6 468	168	39	23.5	100
	Chihuahua	97 104	1 176	83	68.5	100
	Coahuila	7 014	231	30	26.7	100
	Colima	2 100	21	100	0.0	100

	Distrito Federal	1 038 399	10 210	102	157.6	100
	Durango	144 098	1 911	75	60.2	100
	Estado de México	66 864	630	106	79.2	100
	Guanajuato	1 958 250	16 553	118	89.7	100
	Guerrero	332 238	2 478	134	89.0	100
	Hidalgo	62 118	420	148	98.8	100
	Jalisco	142 355	2 393	60	67.9	100
	Michoacán	360 486	3 004	120	96.4	100
	Morelos	143 409	1 407	102	82.3	100
	Nayarit	107 520	1 639	66	47.5	100
	Nuevo León	27 510	483	57	47.4	100
	Oaxaca	117 579	945	124	92.6	100
	Puebla	89 078	1 050	85	76.5	100
	Querétaro	13 755	126	109	75.9	100
	San Luis Potosí	550 702	4 601	120	92.2	100
	Tabasco	10 080	105	96	94.1	100
	Tamaulipas	36 950	546	68	81.6	100
	Veracruz	126 483	1 364	93	75.5	100
? ? ? ?	Yucatán	101 493	1 050	97	82.4	100
	Zacatecas	597 986	5 563	108	85.7	100
	0 0 0 0	24 276	420	58	56.9	100
	Total UP	6 249 994	59 242	106	102.8	100

ANEXO 2. [*Concluye.*]

Estado de origen	*Estado de destino*	*Monto total*	*Número*	*Medida*	*Desviación*	*Por debajo de 500*
0 0 0 0	Chihuahua	2 100	21	100	0.0	100
	Colima	21 840	168	130	86.3	100
	Distrito Federal	460 755	1 638	281	1 358.9	95
	Durango	4 649	84	67	35.9	100
	Estado de México	3 948	63	63	14.3	100
	Guanajuato	207 692	1 533	136	198.7	97
	Guerrero	7 875	84	94	85.8	100
	Hidalgo	11 970	84	143	125.0	100
	Jalisco	253 218	1 638	155	164.1	97
	Michoacán	219 807	2 268	97	121.2	99
	Morelos	3 990	42	95	45.0	100
	Nayarit	10 605	231	46	57.7	100
	Nuevo León	5 670	147	39	28.0	100
	Puebla	13 020	147	89	27.5	100
	San Luis Potosí	20 937	210	100	62.4	100
	Tamaulipas	1 680	21	80	0.0	100
	Veracruz	31 815	231	138	144.6	91
	Yucatán	4 410	63	70	21.6	100
	Zacatecas	22 260	252	88	58.6	100

0 0 0 0	32 550	357	91	41.9	100
Total MO	1 341 790	9 279	145	588.9	98
Total absoluto	43 897 472	289 944	151	942.0	98

FUENTE: Juan Díez-Canedo. *A New View of Mexican Migration to the U.S.* Tesis Doctoral, MIT, 1960, pp. 159-174.
Total MO Total Money Orders.
0 0 0 0 Money Orders, origen y destino desconocidos.
? ? ? ? Postal Money Orders.

BIBLIOGRAFÍA

Alba, Francisco, "Mexico's International Migration as a Manifestation of its Development Pattern", *International Migration Review,* vol. XII, núm. 4 (invierno de 1978).

—— "Industrialización sustitutiva y migración internacional: El caso de México", *Foro Internacional,* enero-marzo, 1978.

Altimir, Oscar, "La medición de la población económicamente activa de México", *Demografía y economía,* vol. I, 1974.

Araud, Christian y Winnie William, W., "Emigración rural en el occidente de México y Jalisco", documento presentado en el Simposio Nacional sobre Emigración y Distribución Espacial de la Población, 5-9 diciembre, Guadalajara, 1979.

Bach, Robert, "Mexican Immigration and the American State", *International Migration Review,* vol. XII, núm. 4 (invierno de 1978).

Balassa, Bela, "The Changing International Division of Labor in Manufactured Goods", *World Bank,* Staff Working Paper Núm. 329, mayo de 1979.

Banco de México, *Distribución del ingreso en México. Encuesta sobre los ingresos y los gastos de las familias 1968,* Fondo de Cultura Económica, México, 1974.

Banco Mundial, "Special Study on the Mexican Economy", *Major Policy Issues and Prospects,* vol. II, Washington, D.C., mayo de 1979.

Barbosa, Manuel P., "The Balance of Payments in Countries of Emigration: A Long Run-View", Conferencia sobre la economía portuguesa, Yale University, 1973. (Mimeo.)

Berry, Albert y Soligo, Ronald, "Some Welfare Aspects of

International Migration", *Journal of Political Economy,* julio-diciembre de 1969.

—— y Sabot, H., "Labor Market Performance in Developing Countries: A Survey", *World Development,* vol. VI, núm. 11-12, 1978.

Bhagwati, Jagdish N., *Taxing the Brain Drain: A Proposal,* Amsterdam: Holland Publishing Co., 1976.

—— y Srinivasan, T.N., "On Reanalyzing the Harris-Todaro Model: Policy Rankings in the Case of Sector-Specific Sticky Wages", *The American Economic Review,* vol. LXIV, núm. 3, junio de 1974.

Bloch, M., *Introducción a la historia,* Fondo de Cultura Económica, México, 1952.

Briggs, Vernon, "Illegal Immigration and the American Labor Force", *American Behavioral Scientist,* vol. XIX, núm. 3, junio-febrero de 1976.

Browning, Harley y Feindt, Waltraut, "Selectivity of Migrants to a Metropolis in a Developing Country: A Mexican Case Study", *Demography,* 6:4, 1969.

—— "The Social and Economic Context of Migration to Monterrey, Mexico", en Francine F. Rabinovitz y Felicity M. Trueblood (comps.), *Latin American Urban Research,* vol. I. Sage Publications.

—— "Migración de retorno, su significado en una metrópoli industrial y una localidad agrícola en México". Documento presentado en la Conferencia Regional Latinoamericana de Población, México, D. F., 17-22 de agosto de 1970.

Bureau of the Census, *Statistical Abstract of the U.S.,* U.S. Department of Commerce, Washington, 1977.

Bureau of International Labor Affairs, "Profile of Labor Conditions in Mexico", Washington, U.S. Department of Labor, 1979.

Bustamante, Jorge, *Mexican Migration and the Social Relations of Capitalism.* (Tesis de doctorado University of Notre Dame, 1975.)

Bustamante, Jorge, "Undocumented Immigration from Mexico: Research Report", *International Migration Review*, verano de 1977.

—— "Emigración indocumentada a los Estados Unidos", *Foro Internacional*, enero-marzo de 1978.

Campbell, H., *Bracero Migration and the Mexican Economy 1951-1964*. (Tesis de doctorado, The American University, 1972.)

Cannon, Lou, "Vivan los inmigrantes ilegales", *The Washington Post*, 5 de agosto de 1979.

Cárdenas, Gilbert, "Illegal Aliens in the Southwest: A Case Study", en *Illegal Aliens: An Assessment of the Issues*, National Council of Employment Policy, octubre de 1976.

Carvajal, Manuel y Geithman, David, "An Economic Analysis of Migration in Costa Rica", *Economic Development and Cultural Change*, octubre de 1974.

Castillo, Leonel J., "Legislative and Judicial Developments. Dealing with the Undocumented Alien —an Interim Approach", *International Migration Review*, invierno de 1978.

Clark, V.S., "Mexican Labor in the U.S.", *Bureau of Labor Bulletin, 1978*, Washington, D.C., septiembre de 1980.

Cohen, J.S. y Weitzman, M. L., "Marxian Model of Enclosures", *Journal of Development Economics*, vol. I, núm. 4 febrero de 1975.

Colosio, Donaldo, Castro Luis J., y Rogers, Andrei, "Migration, Urbanization and Development: A Case Study of Mexico", Documento presentado en el 4º Congreso de la Academia Nacional de Ingeniería, Mérida, 10-13 de octubre de 1978.

Committee on the Judiciary, House of Representatives, "Illegal Aliens", *Hearings before the Subcommittee on Immigration, Citizenship, and International Law*, U.S. Government Printing Office, Washington, 1975.

Contreras Suárez, Enrique, "El flujo migratorio hacia la ciudad de México", *Revista Mexicana de Sociología*, julio-septiembre de 1975.

Cordero, Eduardo, "Evaluación y corrección de la estructura por edad y sexo del censo de 1970", en *Evaluación y análisis. Proyecciones de la población mexicana 1970-2000,* Secretaría de Programación y Presupuesto, Serie III, abril de 1978.

Cornelius, Wayne, "La migración ilegal mexicana a los Estados Unidos: Conclusiones de investigaciones recientes, implicaciones políticas y prioridades de investigación", *Foro Internacional,* enero-marzo de 1978.

—— "Mexican Migration to the U.S., Causes, Consequences and U.S. Responses", Massachusetts Institute of Technology, 1978.

—— y Díez-Canedo, Juan, "Mexican Migration to the U.S. The View from Rural Sending Communities". Documento presentado en la conferencia acerca de México y los Estados Unidos: *The Next Ten Years.* School of International Service, The American University, Washington, D.C., 18-19 de marzo de 1976.

Corona, V. Rodolfo y Ruiz Ch., Crescencio, "Migración interna e internacional. (Algunos resultados de la encuesta nacional de emigración a la frontera norte del país y a los Estados Unidos.)" Documento presentado en el Simposio Nacional sobre Emigración y Distribución Espacial de la Población, Guadalajara, 5-9 de diciembre de 1979.

Corwin, Arthur, "U.S. Immigration Policy Towards Mexico, A Story of Ad Hoc Exemptions", Departamento de historia, The University of Connecticut, 1975. (Mimeo.)

Chayanov, A.V., *The Theory of Peasant Economy,* Illinois: Richard D. Irwin, Inc., 1966.

Chiswick, Barry R., "An Analysis of Earnings Among Mexican Origin Men", Hoover Institution, Stanford University, 1978.

Dagodag, W. Tim, "Source Regions and Composition of Illegal Mexican Immigration to California", *International Migration Review,* 1975.

Da Vanzo, Julie, "Differences between Return and Nonreturn Migration: An Econometric Analysis", *International Migration Review*, vol. X, núm. 33 (primavera de 1976).

Davison, Victoria F. y Shannon, Lyle W., "Change in the Economic Absorption of a Cohort of Immigrant Mexican Americans and Negroes Between 1960 and 1971", *International Migration Review* (verano de 1977).

De Vany, Arthur y Sánchez, Nicolás, "Land Tenure Structures and Fertility in Mexico", *The Review of Economics and Statistics,* vol. LXI, núm. 1 (febrero de 1979).

Deutsches Institut für Wirtschaftsforschung, "Nur vorübergehended Entlastung des Arbeitsmarkets durch Rückwanderung ausländischer Arbeitnenchmer", *Wochenbericht 13-178,* marzo de 1978.

Dillingham Commission, Report to the U.S. Immigration Commission, 61st. Congress, 42 vols., Washington, 1911.

Dinerman, Ina R., "Patterns of Adaptation Among Households of U.S. Bound Migrants from Michoacan, Mex.", *International Migration Review* (verano de 1978).

Domar, Evsey D., "The Causes of Slavery or Serfdom, A Hypothesis". *The Journal of Economic History,* marzo de 1970.

Eckaus, R.S., "The Market Structure and Performance of Traditional Agriculture", Massachusetts Institute of Technology, marzo de 1970.

Eckstein, Susan, "Migration and Occupational Mobility", Massachusetts Institute of Technology, Migration and Development Study ·Group, julio de 1976.

Espín Díaz, Jaime, *Uso y tenencia de la tierra en el municipio de Teocaltiche (región de los Altos de Jalisco),* Tesis de antropología social, Universidad Iberoamericana, junio de 1975.

Evans, John, "Conditions of Employment and Income Distribution in Mexico as Incentives for Mexican Migration to the U.S. Prospects to the End of the Century", *International Migration Review,* primavera de 1979.

Fabricant, Ruth, "An Expectational Model of Migration" *Journal of Regional Science,* vol. X, núm. 1, 1970.

Faria Vilmar, E., "Desarrollo económico y marginalidad urbana: Los cambios de perspectiva de la CEPAL", *Revista Mexicana de Sociología,* enero-marzo de 1978.

Fei, John y Ranis, Gustav, "Agrarianism, Dualism and Economic Development", *The Theory and Design of Economic Development,* 1966.

Fernández, Raúl, "The Border Industrial Program on the U.S.", URPE, *The Review of Radical Political Economics,* vol. V, núm. 1 (primavera de 1973).

Fields, Gary S., "Place-to-place Migration: Some New Evidence", *The Review of Economics and Statistics,* vol. LXI, núm. 1, febrero de 1979.

Flamm, Kenneth S., *Technology, Employment and Direct Foreign Investment. Evidence from the Mexican Manufacturing Sector.* (Tesis para optar por el doctorado, MIT, 1979.)

Foster, G.M., *Tzintzuntzan,* Fondo de Cultura Económica, México, 1972.

Fragomen, Austin Jr., T. "The Undocumented Alien and his Aftermath", *International Migration Review* (verano de 1977).

—— "Regulating the Illegal Aliens", *Legislative and Judicial Developments* (verano de 1974).

Fromm, E. y Maccoby, M., *Social Character in a Mexican Village,* Prentice Hall, 1970.

Gamio, Manuel, *Quantitative Estimate Sources and Distribution of Mexican Immigration into the U.S.,* México: Talleres Gráficos [Editorial y Diario Oficial], 1930.

—— *Mexican Immigration to the United States, A Study of Human Migration and Adjustment,* The University of Chicago Press, mayo de 1930.

—— *El inmigrante mexicano. La historia de su vida,* Instituto de Investigaciones Sociales, Universidad Nacional Autónoma de México, 1969.

García, Brígida, Muñoz, Humberto y Oliveira, Orlandina de, "Migraciones internas y grupos populares urbanos: Ciudad de México 1950-1970", *Revista Mexicana de Sociología,* enero-marzo de 1978.

Germidis, Dimitri, *El trabajo y las relaciones laborales en la industria mexicana de la construcción,* El Colegio de México, 1974.

Gómez Tagle, Silvia, "Organización de las sociedades de crédito ejidal de La Laguna", El Colegio de México, Centro de Estudios Sociológicos, núm. 8.

González, Luis, *Pueblo en vilo,* El Colegio de México, México, 1972.

Greenwood, M.J., "Migration in a Survey", *Journal of Economic Literature,* 1975.

—— "Research on Internal Migration in the U.S. A Survey", *Journal of Economic Literature,* diciembre de 1975.

—— y Ladman Jerry, R. "Economía de la movilidad geográfica de la mano de obra en México", *Demografía y economía,* vol. XI, núm. 2, 1977.

—— "An Econometric Model of Internal Migration and Regional Economic Growth in Mexico", *Journal of Regional Science,* vol. XVIII, núm. 1, 1978.

Hancock, Richard H., *The Role of the Bracero in the Economic and Cultural Dynamics of Mexico. A Case Study of Chihuahua,* Hispanic American Society, Stanford, California, 1959.

Handlin, O., *Boston's Immigrants: A Study in Acculturation,* Cambridge, Belknap, 1959.

Harris, J.R. y Todaro, M.P., "Migration, Unemployment and Development: A Two-Sector Analysis", *American Economic Review,* 1970.

Hawley, Ellis, "The Politics of the Mexican Labor Issue, 1950-1965", *Agricultural History,* julio de 1966.

Herrick, Bruce H., *Urban Migration and Economic Development in Chile,* The MIT Press, 1965.

Hicks, J.R., *The Theory of Wages,* Macmillan, Londres, 1932.

Hoffman, Abraham, *Unwanted Mexican Americans in the Great Depression,* University of Arizona Press, 1974.

Houstoun, Marion y North, David, *The Characteristics and Role of Illegal Aliens in the U.S. Labor Market. An Exploratory Study,* Litton and Co., Washington, D.C., marzo de 1976.

Howrwich, Isaac A., *Immigration and Labor: The Economic Aspects of European Immigration to the U.S.* 2ª ed., C.W.Y. Huebsch and Co., 1922.

Huyck Eldridge, Robert, "Turkish Emigrant Remittances. Their Background and Development", marzo de 1966. (Mimeo.)

Ishii, Akira, "Ejidos in Mexico: Actual Situation and Problems". *The Developing Economies,* vol. II, núm. 3, septiembre de 1973.

Isoard Carlos, "Inter-regional Migration in Mexico. A Quantitative Cross Section Analysis", University of Chicago, Departamento de economía. (Documento inédito, 1976.)

Iszaevich, A., *Modernización en una comunidad del Valle de Oaxaca,* Sepsetentas, México, 1973.

Jelin de Balan, Elizabeth, "Trabajadores por cuenta propia o asalariados: ¿Distinción vertical u horizontal?", *Revista Latinoamericana de Sociología,* noviembre de 1967.

Jenkins, Craig, "The Demand for Immigrant Workers: Labor Scarcity or Social Control?", *International Migration Review* (invierno de 1978).

—— "Push/Pull in Illegal Mexican Migration to the U.S.", *International Migration Review* (verano de 1977).

Johnson, G.E. y Whitelaw, W.E., "Urban-Rural Income Transfers in Kenya: An Estimated-Remittances Function", *Economic Development and Cultural Change,* abril de 1974.

Johnson, Harry G., Blejer, Mario I., Porzecanski, Arturo C.,

"Un análisis de los determinantes económicos de la migración mexicana legal e ilegal hacia los Estados Unidos", *Demografía y Economía,* vol. XI, núm. 3, 1977.

Jones, E.L. y Woolf, S.J., *Agrarian Change and Economic Development. The Historical Problems,* Methuen & Co. Ltd., Londres, 1969.

Jones Stedman, Gareth, *Outcast London. A Study in the Relationship Between Classes in Victorian Society,* Peregrine Books, Gran Bretaña, 1976.

Keely, C.B. y Tomasi, S.M., "The Disposable Worker, Historical and Comparative Perspective on Clandestine Migration", Documento presentado en el Annual Meeting of the Population Association of America, Session on Clandestine Migration, Montreal, 30 de abril de 1976.

Kemper, R.V., *Campesinos en la ciudad,* Sepsetentas, México, 1976.

Kindelberger, C., *International Economics,* Illinois: R.D. Irwin, 1973.

King, Jonathan, "Interstate Migration in Mexico", *Economic Development and Cultural Change,* octubre de 1978.

Krugman, P. y Bhagwati, J., "A Decision to Migrate: A Survey", MIT, junio de 1975. (Mimeo.)

Kuhn, W.E., "Guest Workers as an Automatic Stabilizer of Cyclical Unemployment in Switzerland and Germany", *International Migration Review,* vol. XII, núm. 2.

Lancaster, Clarise y Schewren, Frederick, "Counting the Uncountable Illegals. Some Initial Statistical Speculations Employing Capture-Recapture Techniques." *Proceedings of the American Statistical Association,* 1ª parte, 1977.

Lesko Associates, "Data and Guidance Required to Implement a Major Illegal Alien Study During Fiscal Year 1976", documento preparado por el Office of Planning and Evaluation, Immigration and Naturalization Service, octubre 15, 1975.

Lewis, Oscar, *Life in a Mexican Village. Tepoztlan Restudied,* University of Illinois Press, 1951.

Lewis, Oscar, *Tepotzotlán. Village in Mexico,* Holt Rinehart and Winston, 1966.

Lipton, Michael, "Agricultural Finance and Rural Credit in Poor Communities", *World Development,* vol. IV, núm. 7.

Lomnitz, Larissa, "Mecanismos de articulación entre el sector informal y el sector formal urbano", *Revista Mexicana de Sociología,* enero-marzo de 1978.

Madero, F.I., *La sucesión presidencial,* San Pedro Coahuila, Partido Nacional Democrático, diciembre de 1908, Los Insurgentes, México, 1960.

Martínez G., Gerónimo y Bustamante, Jorge A. "Segunda encuesta a trabajadores mexicanos no documentados devueltos de los Estados Unidos en agosto de 1978: Segunda etapa del programa de investigación de la encuesta nacional de emigración a la frontera norte del país y a Estados Unidos (ENEFNEU)". Simposio Nacional sobre Migración y Distribución Espacial de la Población, Guadalajara, 5-9 de diciembre, 1979.

Marshall, Ray, "Employment Implications of the International Migration of Workers", en *Illegal Aliens: An Assessment of the Issues, National Council on Employment Policy,* octubre de 1976.

Mayhew, Henry, *London Labor and the London Poor,* 4 vols., Original publicado por Griffin, Bohn and Co., 1861-1862, Dover, 1968.

Mazumdar, Dipak, "The Rural-Urban Wage Gap, Migration and the Shadow Wage", *Oxford Economic Papers,* noviembre de 1976.

——— "The Urban Informal Sector", *World Development,* agosto de 1976.

——— "Labor Supply in Early Industrialization: The Case of the Bombay Textile Industry", *The Economic History Review,* vol. XXVI, núm. 3, agosto de 1973.

Melville, Margarita, "Mexican Women Adapt to Migration",

International Migration Review, vol. XII, núm. 2 (verano de 1978).

Mincer, Jacob, "Family Migration Decisions", *Journal of Political Economy*, octubre de 1978.

Muñoz, Humberto, Oliveira, Orlandina de, y Stern, Claudio, *Migración y desigualdad social en la ciudad de México*, 1977.

Muth, Richard, "Migration. Chicken or Egg", *Southern Economic Journal*, enero de 1971.

—— "The Chicken or Egg Fowl-Up in Migration: Comment", *Southern Economic Journal*, junio de 1972.

Nacional Financiera, S. A., *Statistics on the Mexican Economy*, México, 1977.

Nash, Manning, *Primitive and Peasant Economic Systems*, Chandler Publishing Co., 1966.

Navarrete, I., "Distribución del ingreso en México: Tendencias y proyecciones a 1980" en Leopoldo Solís, ed. *La economía mexicana:* Fondo de Cultura Económica, vol. I, México, 1973.

Nelson, Joan M., "Temporary Versus Permanent Cityward Migration: Causes and Consequences". Massachusetts Institute of Technology, Migration and Development Study Group, julio de 1976.

Nelson Richard, R., "A Theory of the Low-Level Equilibrium Trap in Underdeveloped Economics", *The American Economic Review*, diciembre de 1956.

Newman Morris, J., "A Profile of Hispanics in the U.S. Work Force." *Monthly Labor Review*, diciembre de 1978.

North, David, Symposium on Structural Factors Contributing to Current Patterns of Migration in Mexico and the Caribbean Basin, Brookings Institution, 28-30 de junio de 1978.

—— y Houstoun, Marion. "A Summary of Recent Data on and Some of the Public Policy Implications of Illegal Immigration", en *Illegal Aliens: An Assessment of the*

Issues. National Council on Employment Policy, octubre de 1976.

O'Flaherty, Brendan, "The American Irish and Italian Immigration: On the Uses of Despised Minorities". (Documento inédito, Economics 2810a, Harvard University), 30 de mayo de 1972.

Oliveira, Orlandina de, *Industrialization, Migration and Entry Labor Force Changes in Mexico City, 1930-1970*, (Tesis para doctorado en filosofía, University of Texas at Austin), mayo de 1975.

Organization for Economic Co-operation and Development, *Migration Growth and Development*, OECD, 1978.

Osborn, T.N., Newton, J.R. y Poulson, B.W., "Emigración legal a Estados Unidos", *Boletín Informativo de la Cámara Americana de Comercio de México*, diciembre de 1978.

Osterman, Paul, "An Empirical Study of Labor Market Segmentation", *Industrial and Labor Relations Review*, 1976.

Oswald, Ursula y Serrano, Jorge, "El cooperativismo agrario en México: implantador del capitalismo estatal dependiente". *Revista Mexicana de Sociología*, 1978.

Paine, Suzanne, *Exporting Workers. The Turkish Case*, Cambridge University Press, 1974.

Peattie, Lisa, "Organización de los marginales", en R. Ketzman y J.L. Reyna, *Fuerza de trabajo y movimientos laborales en América Latina*, El Colegio de México, 1979.

Peña, Moisés T. de la, *El pueblo y su tierra: mito y realidad de la reforma agraria en México*, Cuadernos Americanos, México, 1964.

Piore, Michael J., "Qualitative Research Techniques in Economics", *Administrative Science Quarterly*, vol. XXIV, diciembre de 1979.

—— "The Role of Immigration in Industrial Growth: A Case Study of the Origins and Character of Puerto Rican Migration to Boston", MIT, Department of Economics, Working Paper Núm. 122, mayo de 1973.

Piore, Michael, "The Labor Market and Manpower Policy Implications of Illegal Immigration", Informe preparado por la Comisión Nacional de Política de Mano de Obra, febrero de 1976.

——— "Dual Labor Markets and Public Policy. A Restatement". Documento preparado por OECD, Directorate for Social Affairs, Manpower and Education, marzo de 1976.

——— "Illegal Immigration in the United States: Some Observations and Policy Suggestions", en *Illegal Aliens: An Assessment of the Issues,* National Council on Employment Policy, octubre de 1976.

——— "Notes for a Theory of Labor Market Stratification", MIT, Department of Economics, Working Paper 95, octubre de 1972.

——— *Birds of Passage; Migrant Labor and Industrial Societies,* Cambridge: Cambridge University Press, 1979.

——— "The New Immigration and the Presumptions of Social Policy." Documento preparado para la presentación de las reuniones del IRRA, domingo 29 de diciembre de 1974.

Portes, Alejandro, "Toward a Structural Analysis of Illegal (Undocumented) Immigration", *International Migration Review,* invierno de 1978.

——— "Return of the Wetback", *Society,* marzo-abril de 1974.

Rempel, Henry y Lobdell, Richard, "The Role of Urban to Rural Remittances in Rural Development", *The Journal of Development Studies,* abril de 1978.

Reubens, E., "Surplus Labor. Emigration and Public Policies. Requirements for Labor Absorption in Mexico". Documento preparado para el simposio sobre las relaciones económicas México-Estados Unidos, 21-22 de abril de 1978.

Reyes Heroles, Jesús, *Política fiscal y distribución del ingreso.* Tesis de licenciatura, ITAM, 1976.

Reynolds Clark, W., "Prospects for Employment Creation

in Mexico During the Next Decade: Implications for the Relationship Between Mexican Labor Supply and Future Employment Opportunities in the U.S." 6 de julio de 1979. (Mimeo.)

Robinson, Gregory, "Estimating the Approximate Size of the Illegal Alien Population in the U.S., by the Comparative Trend Analysis of Age-Specific Death Rates", Documento preparado para la reunión anual de la Asociación de la Población de América, Filadelfia, Pennsylvania, 26-28 de abril de 1979.

Rodríguez, Ernesto, *Rural Development Policies as Determinants of Migratory Decisions: A Mexican Experience.* (Tesis para la maestría en artes, MIT, mayo de 1977.)

Romans, J., "Benefits and Burdens of Migration (with Specific References to the Brain Drain)", *Southern of Economic Journal,* enero de 1974.

Ronfeldt, David y Sereseres, Caesar, "Immigration Issues Affecting U.S. — Mexican Relations". Documento preparado para el Symposium on Structural Factors Contributing to Current Patterns of Migration in Mexico and the Caribbean Basin, Washington, D.C., 28-30 de junio de 1978.

Rosenzweig Mark, R., "Rural Wages, Labor Supply, and Land Reform: A Theoretical and Empirical Analysis", *The American Economic Review,* diciembre de 1978.

Samora, Julián, *Los Mojados: The Wetback Story,* University of Notre Dame, 1971.

Secretaría de Industria y Comercio, "Migración interna en México 1960-1970", *Evaluación y análisis,* Serie III, núm. 1976.

Schejtman, Alexander, "Elementos para una teoría de la economía campesina: pequeños propietarios y campesinos de hacienda". *El Trimestre Económico,* abril-junio de 1975.

Schultz, Paul, "Rural-Urban Migration in Colombia", *The Review of Economics and Statistics,* mayo de 1971.

Shaw, Paul, *Land Tenure and the Rural Exodus in Chile, Colombia, Costa Rica and Peru,* A University of Florida Book, The University Presses of Florida, Gainesville, 1976.

—— "Land Tenure and the Rural Exodus in Latin America". *Economic Development and Cultural Change,* octubre de 1974.

Sen, Amartya, "A Quantitative Study of the Flow of Trained Personnel from the Developing Countries to the USA", *Journal of Development Planning,* 1971.

Siegel, Jacob S., Passel Jeffrey, S. y Robinson, Gregory J., "Preliminary Review of Existing Studies of the Number of Illegal Residents in the U.S.", enero de 1980.

Sjaastad Larry, A., "The Costs and Returns of Human Migration", *Journal of Political Economy,* 1962.

Smith, Barton y Newman, Robert, "Depressed Wages Along the U.S. Mexico Border. An Empirical Analysis", *Economic Inquiry,* vol. XV (enero de 1977).

Spencer B., Benjamin, "Potential Labor Force Supply, Replacement, and Migration of Mexican-American and other Males in the Texas-Mexico Border Region", *International Migration Review,* vol. X, núm. 33 (primavera de 1976).

Standing, Guy, "Aspiration Wages, Migration and Urban Unemployment", *The Journal of Development Studies,* enero de 1978.

Stern, Claudio, "Migración, educación y marginalidad en la ciudad de México", *Demografía y economía,* VIII: 2, 1974.

Sternberg, Marvin, "Agrarian Reform and Employment: Potential and Problems", *International Labour Review,* 1971.

Stoddard, Ellwyn, "A Conceptual Analysis of the Alien Invasion. Institutionalized Support of Illegal Mexican Aliens in the U.S.", *International Migration Review,* vol. X, núm. 2 (verano de 1976).

Tangelson, Oscar, "El sector marginal urbano en México. Una investigación en desarrollo". Documento preparado para el Seminario sobre Fuentes de Información en el campo del Empleo, noviembre de 1978.

Tello, Carlos, "Agricultural Development and Land Tenure in Mexico", *Weltwirtschaftliches Archiv,* 1968.

Texas Instruments Incorporated, "Mexican-American Relations", 27 de julio de 1979.

Thorner, Daniel, "Chayanov's Concept of Peasant Economy", en *Theory of Peasant Economy*. Illinois: Richard D. Irwin, Inc, 1966.

Todaro, Michael P., *International Labor Organization,* en *Internal Migration in Developing Countries,* Ginebra, 1976.

Tomasek, Robert, "The Migrant Problem and Pressure Group Politics", *The Journal of Politics,* mayo de 1961.

Trejo Reyes, Saúl, *Industrialización y empleo en México,* Fondo de Cultura Económica, 1973.

Unikel, Luis, "Factores de rechazo en la migración rural en México. 1950-1960", *Demografía y economía,* vol. VII, 1973.

U.S. Department of Labor, Bureau of Labor Statistics. *Handbook of Labor Statistics,* 1979.

U.S. Department of Labor, "Illegal Aliens Study, Statistical Highlights". Momorándum (11/18/75 de William H. Kolberg al secretario John H. Dunlop sobre un estudio de D.S. North Linton and Co., emitido como comunicado de prensa.

Vanderkamp, John, "Migration Flows, their Determinants and the Effects of Return Migration", *Journal of Political Economy,* septiembre-octubre de 1971.

Vialet, Joyce, "Legislation Concerning Illegal Aliens", en *Illegal Aliens: An Assessment of the Issues,* National Council on Employment Policy, octubre de 1976.

Vining, Daniel, Jr., "Recent Reversals of Migration Flows in the U.S.", Population Association of America, reunión anual, San Luis, 1977.

Yoram, Ben-Portah, "Labor Force Participation and the Supply of Labor", Harvard Institute of Economic Research, Discussion Paper, 1973.

Zazueta, Carlos y Zazueta, César, "En las puertas del paraíso", CENIET, 1976. (Mimeo.) Observaciones hechas en el levantamiento de la primera encuesta a trabajadores mexicanos indocumentados devueltos de los Estados Unidos) 23 de octubre-13 de noviembre de 1977.

—— "Consideraciones acerca de los trabajadores mexicanos indocumentados en los Estados Unidos: Mitos y realidades", CENIET, 1979. (Mimeo.)

—— La Encuesta Nacional de Emigración a la Frontera Norte del País y a los Estados Unidos (ENEFNEU). (Apuntes metodológicos sobre el cálculo del número de trabajadores mexicanos en los Estados Unidos, y algunos resultados preliminares de la encuesta.) Simposio Nacional sobre Emigración y Distribución Espacial de la Población, Guadalajara, 9-5 de diciembre de 1979.

—— Primera encuesta a trabajadores mexicanos no documentados devueltos de los Estados Unidos, Secretaría del Trabajo y Previsión Social, octubre-noviembre de 1977.

Zorrilla, Luis G., *La emigración de braceros y la economía nacional,* Imprenta Aldina, México, 1963.

ÍNDICE

Este libro se terminó de imprimir el 28 de agosto de 1984 en los talleres de Editorial Melo, S. A., Avenida Año de Juárez 226, local D, 09070 México, D. F. La composición se efectuó en Cuadratín y Medio, S. A., Doctor Vértiz 931-A, 03020 México, D. F., empleándose tipos Baskerville de 8:10, 10:12, 11:13 y 12 puntos. El tiro fue de 5 000 ejemplares. La edición estuvo al cuidado del autor.